고급 영작문 & 영문독해
따라하기
English Writing

안태동 박사 지음

■머리말

영작이란 네 가지 영역, 즉 문법, 어휘, 독해, 청취 가운데 가장 어려운 부분이다. 그리고 영작은 크게 두 가지로 분류되는데 기본문형만 익히면 글을 쓸 수 있는 페펀 영작 과 논문, 수필이나 소설 정도를 쓸 수 있는 고급 영작문으로 나눌 수 가 있다.

이 책은 물론 후자의 능력을 갖추기를 희망 하는 분들을 위해 쓴 책이다. 일간지 신문 그리고 시사 잡지 등에서 선별한 다양한 시사 지문을 가장 바람직한 영문으로 옮길 수 있는 능력을 기르는 방법을 설명한 고급 영작문 책이다.

영작은 하루아침에 이루어지는 것이 아니다. 하지만 자세한 어휘 그리고 표현법을 자세히 설명하였기 때문에 이 책을 따라서 첫 페이지부터 마지막 페이지 까지 인내심을 가지고 연습을 하면 여러분 자신이 모르는 사이에 큰 발전을 한 것을 알고 놀랄 것이다.

끝까지 연습을 끝낸 분은 처음부터 다시 한글 부분만 보고 입으로 전체 문장을 영어로 옮기는 연습을 해 보면 놀라운 영어의 능력을 갖추게 되었다는 사실을 알게 될 것이다.

영작 과정이란 우리글을 쓰는 것과 별반 다를 바가 없다. 첫째, 기획/어디에 중점을 둘 것인가를 생각한다. 그리고 가장 적절한 단어를 될 수 있는 데로 빨리 생각한다. 하지만 영작을 잘 하려면 좋은 영문을 많이 읽고 많이 써 보는 방법밖에 다른 도리가 없다. 그러나 몇 가지 원칙은있다.

첫째 자기가 자주 사용해 본 단어를 사용하라.
둘째 될 수 있는 데로 짧은 단어를 사용하라.
셋째 추상적인 단어보다 구체적인 단어를 사용하라.
넷째 꼭 필요한 단어를 사용하라
다섯째 가능한 능동태를 사용하라.

저자 안태동

CONTENTS

- 첫째 마당 영작문 & 영문독해 ——————— 8
- 둘째 마당 영작문 & 영문독해 ——————— 18
- 셋째 마당 영작문 & 영문독해 ——————— 28
- 넷째 마당 영작문 & 영문독해 ——————— 38
- 다섯째 마당 영작문 & 영문독해 ——————— 48
- 여섯째 마당 영작문 & 영문독해 ——————— 58
- 일곱째 마당 영작문 & 영문독해 ——————— 68
- 여덟째 마당 영작문 & 영문독해 ——————— 78
- 아홉째 마당 영작문 & 영문독해 ——————— 88
- 열번째 마당 영작문 & 영문독해 ——————— 98
- 열한번째 마당 영작문 & 영문독해 ——————— 108
- 열두번째 마당 영작문 & 영문독해 ——————— 118
- 열세번째 마당 영작문 & 영문독해 ——————— 129
- 열네번째 마당 영작문 & 영문독해 ——————— 138
- 열다섯번째 마당 영작문 & 영문독해 ——————— 150

영작문 & 영문독해

첫째 마당 — 영작문 & 영문독해

01 여론조사는 무작위로 뽑은 전국의 1,000명의 성인을 대상으로 한 것이었고 허용오차는 3 퍼센트 포인트다.

answer

핵심단어연구
- 여론조사 (opinion) poll
- 여론조사를 발표하다 release a poll
- 무작위 random, 무작위 표본을 뽑다 draw a random sample
- 표본오차 a margin of error, error margin

02 한국만의 독특한 고용관행을 강하게 비난하면서 고용평등 운동가들은 기업과 정부가 고용에 있어 나이와 성차별을 없애는 데 노력하도록 촉구했다.

answer

핵심단어연구
- 성차별 sex(gender) discrimination
- 연령차별 age discrimination.
- 나이와 성차별을 없애다

핵심단어연구

- eliminate age and sex discrimination
- 고용에 있어 in employment
- 독특한 고용관행 unique employment practices

answer

---

03 1999년 미국 암 연구소의 두 사람의 과학자는 오래 동안 기다려왔든 암 치료에 관한 별도의 연구를 시작하라는 승인을 받았다.

핵심단어연구

- 1999년 back in 1999
- 미국 국가 암 연구소. U.S. National Cancer Institute
- 오래 동안 기다려왔든 long-awaited
- 승인 green light
- 시작하다 launch (착수하다)
- 과학자 researcher

answer

---

04 6 개월 간격으로 두 과학자는 (Dr. Douglas Schwartzen과 Dr. Larry Kwak) 하나의 완전히 새로운 지식을 암과의 전쟁에 시험하기위해 대상자들을 가입시키기 시작했다. 즉 이것은 화학 요법 치료 중 있을 수 있는 유독성 효과를 차단시키고 종양 확산을 중단시키는데 새로운 효과를 줄 수 있을 거라고 과학자들이 희망해온 지식이다.

영작문

answer

_____

핵심단어연구
- 6개월 간격으로
  six months apart
- 완전히 새로운 지식
  entirely novel
  weapon (knowledge)
- 대상자 subject
- 가입시키다 enroll
- 시작하다 launch
- 화학 요법
  chemotherapy
- 유독성효과
  toxic effects
- 새로운 효과
  new edge
- 종양 확산
  spread of tumors

05 해가 서쪽에서 떴나? 아니면 환상을 본 건가? 월요일 NYT의 첫 페이지에 기대하지 않았던 기사가 났습니다. "180도로 바뀌어 수니파가 이라크에 미군의 잔류를 바란다."

answer

_____

핵심단어연구
- 해가 서쪽에서 떴나?
  Did hell just freeze over?
- ~은 절대로 일어나지 않는다. We will see such a matter happen when hell freezes over.
- 180도 전환
  about-face

영작문

- 전혀 기대하지 않았던 기사 unexpected headline

 많은 개인 수집가들은 그들의 수집 작품에 대해 매우 관대하다. 그 작품들을 공공 전시장에 자주 빌려주고 또 관심 있는 개인이나 수집가 그룹들을 자기들 집을 방문하게 하여 소장되어 있는 장소에서 그 작품들을 보게끔 해 준다.

핵심단어연구

- 많은 개인 수집가들 Many private collectors
- 관대한 generous
- 공공전시장 public exhibitions
- ....을 하게끔 하다, ...을 허락하다 allow someone to do something
- 수집가그룹 groups of collectors
- 소장 되어 있는 장소에서 in the place of his possession

answer

■ 구문: 위의 문장은 2개의 절로 이루어진다.
A는 매우 관대하다 B는 그 작품들을 ~ 보게끔 해 준다. A와 B의 주어는 동일하다.(많은 개인 수집가들은)

07 암과의 전쟁에 관한 그 연구는 화학요법에 따른 유독성 효과를 차단시키는데 돕는 것으로 보고되었지만 이 현상을 뒷받침해 줄 메커니즘에 대해서는 알려진 바가 없다.

answer

핵심단어연구

- A가 보고되어 있지만, B는 알려져 있지 않다.
  It has been reported that (A), But (B) is not revealed.
- 암과의 전쟁 war on cancer
  화학요법 chemotherapy
- 유독성효과 toxic effects
- 이 현상을 뒷받침하다 support this phenomenon
- 뒷받침해 줄 메커니즘 mechanism supporting this phenomenon

08 오바마 대통령의 핵무기 없는 세계의 요구와 러시아 메데데프 대통령과의 이를 위해 나아가고자 하는 합의는 20년 전 냉전의 종식이후 외교정책 의제에서 미끄러져 나가버린 하나의 이슈를 되살아나게 했다.

그러나 핵 군비축소는 최근 몇 년 동안에 완전히 잊힌 것은 아니다. 2007년에 네 사람의 외교 고위 인사들-전 미 국무장관 슐츠와 헨리 키신저, 전 미 국방장관 윌리엄 페리, 그리고 전 상원 국방위원장 냄눈-은 핵이 없는 세계를 만들자는 열렬한 호소를 했다.

영작문

핵심단어연구

- ~ 촉구하는 call for
- 핵무기 없는 세계 world without nuclear weapon
- 이를 위해 일을 하다, 이를 위해 나아가다 work toward
- 되살아나게 하다 help revive
- 미끄러져 떨어져 나가다 slip off
- 핵 군비축소 nuclear disarmament
- 열렬한 호소 impassioned plea
- 핵이 없는 세계 a nuclear weapon-free world
- 외교 고위 인사 diplomatic heavyweights(외교 중량급 인사)

answer

After Obana videotaped a Persian New Year's message for the Iranian people, reiterating his offer of unconditional talks, most Western commentators interpreted Khamenei's lengthy and defiant response as a slap in the face. But what would have been most significant to any Iranian listening was a passage at the very end of the speech, when Khamenei said, "If you change, our behavior will also change."

Iran's supreme authority had never before used the word "change" in such a context, for up until now the Islamic Republic's position has been that there is nothing objectionable about its behavior. If the Obama administration truly wants to forge a new relationship with Iran, it will have to learn to hear the things Iranians are saying to them, whether it be the Supreme Leader or the rifle-toting Sadoughi.

핵심단어연구

- Videotape a Persian New Year's message 페르시아력으로 이란국민들을 위한 신년 메시지를 비디오테이프로 전달하다.
- reiterate 되풀이 말하다.
- offer uinconditional talks 조건없는 대화를 요청하다.

- Western commentator 시사 평론가
- lengthy and defiant response 장황하고 시비조인 반응
- interpret something as ~으로 해석하다
- a slap in the face 모욕
- What would have been most significant 가장 중요했던 것
- Islamic Republic's position has been that there is nothing
- objectionable about its behavior 이란의 공식적 입장은 자신의 행동에 대해선 반대할 만한 것이 없다는 것이었다.
- Forge a new relationship with Iran 이란과의 새로운 관계를 진전시키다.

❶   The survey was based on a random sample of 1,000 adults across the nation, while it has an error margin of 3 percentage point.

❷   Slamming "Korea's unique employment practices", activists for equality in employment urged companies and the government to try to eliminate age and sex discrimination in employment.

❸   Back in 1999, two researchers at the U.S. National Cancer Institute (NCI) received a long-awaited green light to launch separate studies on cancer care.

❹   Six months aparts apart, two researchers began enrolling subjects to test an entirely novel weapon in the war on cacer-one they hoped would bypass the toxic effects of chemotherapy and give patients a new edge in halting the spread of tumores.

❺   Did hell just freeze over or was I simply seeing things? On Monday, page one of the New York Times displayed this unexpected headline: "In an About-Face Sunnis Want U.S. to remain in Iraq."

❻   Many private collectors are very geneous with their works-lending them frequently to public exhibitions and allowing interested individuals or groups of collectors to visit their houses and let them to examine their collection in the place of his possession.

❼   It has been reported that the studies about the war on cancer helped bypass the toxic effects of chemotherapy, but the mechanism supporting this phenomenon has not been revealed.

⑧　President Obama's call for a "World without nuclear weapons," and his agreement with Russian President Medvedev to work towards just that, have helped revive an issue that sliped off the foreign-policy agenda following the end of the Cold War two decades ago. But nuclear disarmament hasn't been completely forgotten in recent years. In 2007, four diplomatic heavyweighs-Secretaries of State George Schultz and Henry Kissinger, former Secretary of Defense William Perry and former Chairman of the Senate Armed Services Committee Sam Nunn- made an impassioned plea for a nuclear weapons-free world.

⑨　오바마는 페르시아력으로 이란인을 위한 신년 메시지를 비디오테이프로 전달하고 조건 djat는 대화를 제안 했을 때 이에 대한 이란의 최고 지도자 하메네이가 보인 길고 도전적인 반응을 서방의 시사 평론가들은 모욕적인 거부 의사로 해석했다.

　그러나 그의 말을 들은 이란인들에게 가장 중요했던 대목은 하메네이의 연설의 맨 마지막 부분이었다. 그 연설의 맨 끝 대목에서 하메네이는 "당신이 변하면 우리들의 행동도 변할 것 이다." 라고 말했다.

　이란의 최고 권력자가 이전에는 한번도 그런 맥락에서 "변화" 라는 말을 사용한 적이 없었다. 왜냐하면 지금까지 이란의 공식 입장은 자신의 행동이 전혀 문제가 될 만한 것 이 없다는 것 이었다.

　만일 오바마 행정부가 이란과의 새로운 관계를 진정으로 진전시키고자 한다면 오바마 행정부는 그것이 최고 지도자의 말이든 소총을 휴대하고 다니는 이란의 사두히의 말이든 이란인들이 하는 말을 듣는 법을 배워야 할 것이다.

둘째 마당 — 영작문 & 영문독해

01 1997년 동아시아 금융위기가 왔다. 위기가 고조됐을 때 폴 크루그만은 포춘지 표지 에세이에서 썼다. "경제적 진행 과정에선 결코 그리고 대공황 초기에도 결코 세계 경제의 그와 같이 큰 부분이 그토록 심한 추락을 겪은 적이 없다."

answer

핵심단어연구
- 동아시아 금융위기 East Asian financial crisis
- 위기가 고조 되었을 때 during the depth of the crisis
- 포춘지 표지 에세이 Fortune cover essay
- 경제적 사건 economic events
- 결코 never
- 대공황 초기에 in the early year of the Depression
- 심한 추락 devastating a fall

■ 구문 : 경제적 진행 과정에선 결코 never in the course of economic events. 이 구는 부사절, 즉 주절에 나오는 동사를 수식하며 문장을 강조 할 시에는 문장 제일 앞에 전치가 된다. 전치 구가 올 때 에는 주어와 동사의 위치를 생각해야 한다

우리는 금융 시스템이 이번 폭풍을 훌륭하게 견뎌낸 유일한 선진 공업국이 캐나다 라는 것을 명심할 필요가 있다. 그리고 캐나다는 자신들의 채무를 상계할 정도로 은행이 보다 높은 예치금을 유지해야 한다는 규정과 더 낮은 정도의 차입을 유지해야 한다는 단지 옛 규정을 그대로 유지했을 뿐이었다.

핵심단어연구

- 명심할 필요가 있다 need to keep in mind that
- 은행 시스템 the banking system
- 폭풍을 견뎌내다 weather the storm
- 옛 규정을 그대로 유지하다 keep the old rule in place, maintain the old rule
- 채무를 상계하다 offset their liabilities
- 차입금 leverage

answer

_____
_____
_____
_____
_____
_____
_____

■구문
명심할 필요가 있다 (need to keep in mind) 는 "유일한 선진국이 캐나다 이다" 라는 절을 목적절로 하고 있다.

영작문

03 이명박 대통령은 30일 "이제 남북문제는 물론 국제적 이슈에 대해서도 우리의 비전과 해법을 내놓고 주도하는 노력을 할 때가 되었다"고 했다.

answer

핵심단어연구
- 남북문제 inter-Korean issues
- 국제적 이슈 international issues
- 우리의 비전과 해법을 내 놓다 lay out a vision and solution
- 주도하는 노력을 하다 assume a leading role.

04 이 대통령은 이날 청와대에서 가진 'G20 정상회의 유치보고' 특별기자회견에서 "이제 우리의 생각도 변방적 사고에서 중심적 사고로 바뀌어야 한다"면서 이 같이 말했다.

answer

핵심단어연구
- 'G20 정상회의 유치보고 특별기자회견 에서 - in a special press interview regarding the successful attempt to attract the G20 summit
- 변방적 사고에서 중심적 사고로 바뀌다-change completely our idea of periphery to the center of the world.

이 대통령은 특히 남북문제에 대해 "북한 핵문제는 남북한 당사자의 문제인데 그 동안 우리의 목소리는 없었다. 미국안, 중국안을 그냥 따라가기만 했다. 우리의 좋은 안이 있으면 6자회담 참가국을 설득해서 나갈 필요가 있다"고 했다.

핵심단어연구

- 북핵 문제의 직접적인 당사자의 문제인데 though we are the party directly concerned,
- 우리의 목소리를 내지 못했다 we haven't able to have our voices heard..
- 미국안 중국안을 그냥 따라가기만 했다. We have only followed the U.S. and the China.
- 우리의 좋은 안이 있으면 6자회담 참가국을 설득할 필요가 있다. If we have a good idea, need to try to persuade members of the six-party talks

answer

영작문

 그는 "제가 미국에서 북핵문제에 대한 일괄타결, 즉 그랜드 바겐을 제안한 것도 그 일환"이라고 했다.

answer

핵심단어연구
- 그랜드 바겐을 제안한 것도 그 일환이다. make a proposal for a grand-bargain as part of the suggestion.

 이북 중앙통신은 "이북이 아무 게와 관계정상화 또는 그와 같은 경제원조를 대가로 터무니없는 제안을 받아드릴 거라고 생각한다면 큰 오산이다." 라고 말했다.

answer

핵심단어연구
- 큰 오산이다. seriously mistaken
- 아무 게와 관계정상화 normalize relations with someone
- 경제원조 를 대가로 for the economic aid
- 이북 중앙통신 NKNA (North Korea News Agency)
- 터무니없는 제안 ridiculous proposal

그동안 이 대통령의 제안을 두고 한미 간에 의견의 마찰이 있었지만 이 대통령은 어제 한국은 미국과 긴밀한 정책 공조를 하고 있다라는 점을 강조했다.

핵심단어연구

- 의견의 마찰 friction over opinion
- 이 대통령의 제안에 대한 한미 간의 between Washington and Seoul over President Lee's proposal
- 워싱턴과의 긴밀한 정책 공조를 하다 have a close policy coordination with Washinton

answer

영작문

SK 텔레콤 CEO 김신배 사장은 전혀 만족을 모른다. 확실히 그의 회사는 한국인구 4천 8백만 중에서 2천 3백만을 고객으로 가지고 있는 한국 휴대폰 산업의 독보적인 존재이다. 그는 SKT는 세계에서 가장 선진 휴대폰 네트워크를 유지하고 있다고 자랑 한다. 그는 금년에 그는 11억 달러의 매입 건을 성공시켰고 이는 이 나라의 유선 광대역 시장에 교두보를 마련하게 해주고 있다.

그러나 김사장은 내국시장의 성공만은 충분하지 않다는 것을 알고 있다. 한국에는 휴대폰 보급률이 93%에 달하고 있으므로 빠른 성장률은 끝났다. 그는 "우리는 될 수 있는 대로 외국 시장을 진출해야 한다."라고 말하고 있다.

핵심단어연구

- 만족을 모르다 far from satisfied
- 독보적이다 dominate
- 성공시키다 pull off
- 유선 광대역 시장 fixed line broadband market
- 이는 A에게 교두보를 마련하게 해 주다 give someone a bridgehead.
- 외국 시장으로 진출하다 need to go global

The electric car, so long promised, may finally be pulling into your driveway. In the U.S., a humbled General Motors just showed off one of its rare rays of light-the plug-in Volt, which GM will get 230 miles per gallon when it hits roads in late 2010. Daimler is trialing an electric version of its baby Smart car and claims to get the equivalent of 300 m.p.g. In Japan this month, a confident CarlosGhosn said that Nissan's upcoming, all electric Leaf will get 367 m.p.g.

핵심단어연구

- May finally be pulling into yopur driveway 당신의 차고로 굴러들어 올지도 모른다.
- humble 겸허한
- show off 자랑하다
- plug-in Volt 플러그인 볼트
- get 230 miles per gallon 갤런당 230 마일을 가다
- it hits road 도로에 나오다 주행하다
- trial 시험하다
- claim to get the equivalent of 300 m.p.g. 갤런당 300 마일 정도를 주행한다고 한다.

answer

① There was the 1997 East Asian crisis, during the depth of which Paul Krugman wrote in a Fortune cover essay, "Never in the course of economic events-not even in the early years of the Depression- has so large a part of the world economy experienced so devastating a fall.

② We need to keep in mind that the one advanced industrial country of which banking system has weathered the storm superbly is Canada, which just kept the old rules in place, requiring banks to hold higher amounts of capital to offset their liabilities and to maintain lower levels of leverage.

③ "it is time for us to lay out our vision and solution to international issues and to as well as the inter-Korea problem , and try to assume a leading role., said President Lee, Myong-bank on30th of this month.

④ During a special press interview regarding the successful attempt to attract the G20 summit at the Chong Wa Dae on the day, he suggested that we change completely our idea of the periphery to the center of the world.

⑤ Furthermore, President Lee mentioned especially about the inter-Korea issues, and said, "though we are party directly concerned, our voices were not heard. We have only followed the U.S. and China." if we have a good idea, we need to persuade members of the 6 party talks

⑥ He said that it was part of his suggestion that he made a proposal for a grand bargain during his stay in the United States.

⑦ "It is a serious mistake that they calculate the North Korea would accept the ridiculous proposal for the normalization of diplomatic relations with someone or for sort of economic aid" said the North's official KCNA news agency.

⑧ Though there was some friction between Washington and Seoul over Preident Lee's proposal, he yesterday stressed that Seoul government has a close policy coordination with the U.S. government.

⑨ SK Telecom chief executive Kim Shin Bae is far from satisfied. Sure, his company dominates South Korea's cell phone industry, counting 23 million of the country's 48 million people as customers. He can brag that SKT maintains the world's most advanced mobile network.

He also pulled off a $1.1 billion purchase this year that gives SKt a bridgehead in the country's fixed line broadband market. But Kim knows that success at home is far from enough. With mobile now enjoying a penetration rate of 93% in Korea, the days of fast growth are over. "we need to go global as soon as possible," he syas.

⑩ 오래 동안 약속이 되어온 전기차가 마침내 당신의 차고로 굴러들어 올 지도 모른다. 미국에서 그 동안 좋은 차를 내 놓지 못했던 GM이 일찍이 없었던 한 줄기의 광선 "플러그인 볼트"를 전시했다. GM은 이 차가 2010년도 말에 도로에 나오면 1갤런 당 230마일을 주행 할 수 있을 거라고 한다.

다임러는 다임러사의 소형 스마트 카의 전기 모델을 시험 중에 있고 이 차는 갤런 당 300마일 정도를 주행 할 수 있다고 주장한다.

일본에서는 자신만만한 닛산 자동차의 사장 칼로스 고오선은 닛산 자동차가 곧 출시할 완전 전기차 "리흐"는 갤런 당 367마일을 주행 할 것이라고 말했다.

셋째 마당 영작문 & 영문독해

01 미국 경제의 최악은 끝이 나고 있는가? 최근 일부 통계 수치는 그런 방향을 가리키고 있고 많은 미국 경제 해설도 조심스럽게 낙관적이 되어 가고 있다. 하지만 당분간은 낙관주의가 아닌 신중함에 강조를 둘 필요성이 있다.

answer
_____
_____
_____
_____
_____
_____

핵심단어연구
- 미국 경제의 최악
  the worst for the U.S. economy
- 통계수치
  stastical figures
- 경제해설 economic commentary
- 강조를 둘 필요성이 있다. emphasis needs to stay on
- 신중함 caution

02 이번 주 미 연방 준비제도 이사회는 좀 더 명랑한 것 같은 인상을 보였다. 연방 준비제도 이사회는 대 공황 이래로 가장 길었던 미국 경제의 후퇴가 끝이 나고 있다고 말했다. 이는 경제 회복이 이미 시작되었다는 추측을 일으켰다.

핵심단어연구

- 연방 준비제도 이사회 Federal Reserve Board (FRB)
- 좀 더 명랑한 인상 a little more cheerful
- 대 공황 The Great Depression
- 추측 speculation
- 일으키다 prompt

answer

 미 중앙은행은 기준 금리를 제로 상태에 계속 두고 좀 더 장기간 동안 금리가 계속 제로 상태를 유지 할 것이라고 말했다.

핵심단어연구

- 미 중앙은행 The U.S. central bank
- 기준 금리 benchmark interest rate
- 제로 상태로 유지 시키다. leave ~ at zero
- 좀 더 장기간 동안 for extended period

answer

영작문

04 일본 중의원 선거에서 자민당의 50년 아성을 무너트리고 지난주 취임한 하토야마 총리는 "우리 민주당 새 정권은 역사를 직시할 용기를 갖고 있다"며 "건설적이고 미래지향적인(한·일) 관계를 만들어가고 싶다"고 밝혔다.

answer

핵심단어연구

- 일본 중의원 the Diet
- 자민당 Liberal Democratic Party
- 아성을 무너뜨리다 destroy the stronghold of LDP's rule for more than 50years
- 민주당 새 정권 The new Democratic Party government
- 역사를 직시할 용기를 갖고 있다. have the courage to face up to history
- 건설적이고 미래지향적인 관계를 만들다 develop a constructive and future-oriented relationship.
- 총리로 취임하다 be inaugurated as prime minister

영작문

05 하토야마는 야스쿠니 신사 참배에 반대하는 입장이며 일본이 태평양전쟁 중 범한 죄행을 반성해야 한다고 주장했다.

핵심단어연구
- 야스쿠니 신사 참배에 반대하는 입장을 취하다 he takes a position contrary to the visiting of the Yasukuni shrine.
- 일본이 태평양전쟁 중 범한 죄행을 반성해야 한다고 주장하다. argue that Japan should regret about the crimes committed by Japan during the Pacific war.

answer

06 미국 대 기업 이사들 중 일부는 유럽연합에서 한국으로 수입되는 공산품에 대한 관세가 인하되기 전 한미 FTA가 국회에서 비준되어야 한다고 생각하고 있다.

핵심단어연구
- 미국 내 대 기업 이사들 중 일부 some of U.S. corporates executives
- 유럽 연합에서 한국으로

answer

수입되는 공산품에 대한 관세 tariffs on goods from European Union.
• 한미 FTA가 국회에서 비준되어야 한다. The Korea-U.S. free-trade agreement

07 투자자들이 미국의 경제가 급속히 회복할 것이 틀림없다고 믿음에 따라 서울 증시는 어제 3일 연속 상승했다. 외국인 투자자들이 매수세를 주도했고 일반 및 기관투자자들도 이에 가세했다. 다우존스 산업지수도 지난 한달 동안 최고치를 기록하며 마감했고 나스닥 종합지수도 3주만에 최고 수준으로 오르다.

핵심단어연구

• 투자자들이 미국의 경제가 급속히 회복할 것이 틀림없다고 믿다.- investors bet economic growth in the U.S. will make a rapid recovery.
• 서울 증시 Seoul bourse
• 서울 증시가 어제 3일 연속 상승했다. rise continually for the past three days.

- 외국인 투자자 foreign investor
- 매수세를 주도하다 lead the buying binge
- 이날의 주가 폭등은 외국인 매수세가 주요했다. The day's sharp rise in share prices was led by strong foreign buying.
- 기관투자자 들도 이에 가세하다 institutional investors followed the suit.
- 다우존스 산업지수도 최고치를 기록하다.-Dow Jones Industrial Average reach at its best level.
- 마감하다 close
- 나스닥 종합지수도 3주 만에 초고수준에 오르다 = The Nasdaq Composite Index reachs a three-week high.

If there had ever been any hope for truly bipartisan health-care bill this year, it came in the person of one cantankerous and quirky Iowan. For months, much to the consternation of many of his fellow Republicans, Charles Grassley, the ranking minority member on the Senate Finance Committee, had continued to negotiate behind closed doors with chairman Max Baucus and four other members of the panel. No Republican received more TCL from Barack Obama, who has met with Grassley three times at the White House and called him three times more just to keep in touch.

핵심단어연구

- health-care bill 건강관리 법안 (의료 보험 법안)
- cankerous 곧잘 싸우는
- quirky 이상한 버릇이 있는, 기발한
- consternation 깜짝 놀람
  to one's consternation ~놀랍게도
- the ranking minority member 고위 소수당 의원 (민주당 의원)
- The Senate Finance

answer

핵심단어연구

Committee 상원 제정 위원회
- Behind closed doors 밀실에서
- TLC tender loving care 부드러운 관심을 표시 compare love-call
- keep in touch 서로 연락을 하다.

answer

■구문
- If there had ever been any hope 어떤 희망이 있었다면
구문 형태는 가정법의 과거 사실의 정반대이지만 이것은 가정법의 과거는 결코 아니다. 만일 가정법의 과거형이라면 주절은 it came 대신에 it would have come 이 되어야 한다.

① Is the worst over for the US economy? Some recent figures point that way, and much US economic commentary is growing cautiously optimistic. For the moment, though, fthe emphasis needs to stay on caution not optimism.

② This week the Fed did sound a little more cheerful. It said that the longest period of US economic decline since the Great Depression was coming to an end, prompting speculation that the recovery has begun.

③ The central bank also left its benchmark interest rate at zero, and said it would stay there for an extended period.

④ Inaugurated as Prime Minister after destroying the stronghold of Japanese LDP(Liberal Democratic Party) 50 years of rule, Hatoyama made clear that his new Democratic government has courage to face up to history and desire to develop a constructive and future-oriented relationship with Korea.

⑤ Hatoyama has argued that he takes a position contrary to the visiting of the Yasukuni shrine, and Japan should regret about the crimes committed by Japan during the Pacific War.

⑥ Some of U.S. corporates executives believe that the Korea - U.S. free trade agreement should be ratified before the tariffs on goods from the European Union get cut in Korea.

⑦　The Seoul bourse rose continually for the past three days as investors bet economic growth in the United States will make a rapid recovery.
　　Foreign investors led the strong buying, and other investors, including intitutional investors joined in the buying binge. The Dow Jones Industrial Average closed at its best level in a month while the Nasdaq Composite Index reached a three-week high.

⑧　금년에 양당 연합의 건강보건 관리 법안이 국회를 통과 할 거라는 희망이 있었다면 이것은 싸움하기를 좋아하고 그리고 이상한 성격을 가지고 있는 한 아이오와 주 사람한테서 나왔다. 수개월 동안 그의 동료 공화당 의원들이 깜짝 놀랄 정도로 미 상원 고위 민주당 소속 의원 찰스 그뢰슬리는 제정위원회 위원장 과 다른 네 사람의 위원회 의원들과 계속적으로 밀실협상을 벌려왔다. 오바마 대통령으로부터 더 많은 love-call을 받은 공화당 의원은 없었다. 오바마는 백악관에서 세 번이나 그뢰슬리 의원을 만났고 그리고 세 번 더 단지 안부를 묻기 위해 그에게 전화를 했다.

넷째 마당 — 영작문 & 영문독해

01 대부분의 고속도로는 오늘 추석연휴가 끝나는 날이기 때문에 귀성하는 차량들로 크게 붐비고 있다. 관계자들에 따르면 서울을 떠난 50만대의 차량 중에 대략 30만대가 오늘 귀경할 것으로 알려졌다.

answer

핵심단어연구

- 대부분의 고속도로 most of the nation's highway
- 추석연휴 Chueok holidays
- 휴가가 끝나다 The holidats are over
- 귀성하는 차들로 붐비다. The highways are crowded with cars returning home to Seoul.

※관계자들에 따르면 서울을 떠난 50만대 차량 중에 대략 30만대가 오늘 귀경할 것으로 알려지다. (이 문장을 영작학기위한 tip.- 관계자들은 ~ 이라고 추측 한다고 번역할 것.)

어제 발표된 자료에 따르면 한국 직장인들은 최근의 몇몇 성희롱 방지 조치에도 불구하고 직장에서 성폭력에 시달리는 것으로 나타났다. 대부분의 사람들의 예상을 뒤집고 하위직 여성보다 고위직에서 오히려 피해자 비율이 높았다고 조사결과 밝혀졌다.

핵심단어연구

- 어제 발표된 자료에 따르면 according to a survey released yesterday.
- 최근의 몇몇 성희롱방지 조치에도 불구하고 despite a recent string of actions to fight sexual harassment,
- 직장에서 성 폭력에 시달리다. workers are sexually harassed.
- 예상을 뒤집다 upset the expectations of most people
- 조사결과는 하위직 여성보다 고위직에서 오히려 피해자 비율이 높았다고 밝혔다. The survey show that high-ranking officials are more likely victim to sexual harassment than rank-and file women employees.

answer

영작문

03 뉴스에 의하면 한국 유치원들의 절반이상이 아직 CCTV가 설치되어있지 않다고 했다.

answer

_____
_____
_____
_____

핵심단어연구
- 뉴스에 의하면
  A newscast says
- 한국 유치원 절반이상
  more than half Korean kindergartens
- CCTV를 설치하다
  install CCTV

04 미국 다우지수가 1년 만에 1만 선을 회복하면서 월가가 흥분하고 있다. 예전 같으면 국내 증시도 환호성이 터질 만하다. 하지만 시장의 반응은 의외로 차분했다. 서울 주식시장 전문가들은 코스피가 언제 오랫동안 기다려온 1,700선을 넘을 수 있을가 하고 생각했다.

answer

_____
_____
_____
_____
_____
_____
_____

핵심단어연구
- 미국 다우지수가 1년 만에 1만 선을 회복하다.
  The Dow Jones Industrial Average hit 10,000 points.
- 월가가 흥분하다. The Wall Street is in wild excitement.
- 옛날 같으면 국내 증시도 환호성이 터질 만하다. Roars of cheers could come from Seoul stock market were it before.
- 국내의 시장의 반응은 의외로 차분했다. local markets react to this seemed unexpectedly calm.
- 서울 주식시장 전문가

영작문

Seoul stock brokerages analysts
- 1,7000 선을 넘다. jump above 1,700 mark
- 오랫동안 가려온 - much-anticipated

05 줄기세포는 많은 다른 종류의 세포로 변형될 수 있으며 손상된 기관이나 조직을 재생시킬 수 있는 가능성을 제공한다. 많은 과학자들은 줄기세포가 당뇨병, 암 심장발작, 그리고 척수 손상 뿐 아니라, 알츠하이머나 파킨슨병과 같은 뇌 관련 질환을 치료하는데 희망을 준다고 믿고 있다.

핵심단어연구

- 줄기세포 stem cell
- 다른 종류의 세포로 변형될 수 있다
  can transform themselves into other types of cell
- 손상된 기관이나 조직을 재생시킬 수 있는 능력을 제공하다.
  offer the potential for regeneration of damaged organs or tissue.
- 암, 심장발작 cancer, heart attack, 척수 손상 spinal injuries
- 알츠하이머나 파킨슨병 Alzheimer's disease and Parkinson's disease

answer

영작문

85세로 8월 17일 서거한 김대중 전 대통령은 마지막 테이프를 긋는 순간가지 정치적인 비판자였다. 서거 수개월 전에 이 노벨 평화상 수상자는 현 한국의 보수 정권이 1980년 말에 자기가 전복시키는데 도운 군사 독재정권의 길로 후퇴하고 있다고 비판했다.

이 신랄한 공격은 한국의 활발한 민주주의의 건축자로서의 그의 입지 때문에 정부를 심히 당혹스럽게 했다.

서방에서는 김 전 대통령은 햇빛 정책으로 공산 이북과 손을 잡으려고 노력한 것으로 가장 잘 알려져 있지만 우리는 그를 1970년대 1980년대에 군사정부가 죽일 수가 없었던 민주주의 운동가로 그를 기억 할 것이다.

핵심단어연구

- 정치적 비판가 political brawler
- 마지막 테이프를 긋는 to the finish
- 노벨평화상 수상자 the Nobel Peace laureate
- 보수 정권 conservative government
- 후퇴하다 backslide into
- 군사 독제 정원 military dictatorship
- 전복시키다 topple
- 전복을 돕다 help topple
- 신랄한 scathing
- 당혹스러운, 곤욕스러운 embarrasing
- 햇빛정책 sunshine policy of rapprochment

투자자들이 미국의 경제가 급속히 회복할 것이 틀림없다고 믿음에 따라 서울 증시는 어제 3일 연속 상승했다. 외국인 투자자들이 매수세를 주도했고 일반 및 기관투자자들도 이에 가세했다. 다우존스 산업지수도 지난 한달 동안 최고치를 기록하며 마감했고 나스닥 종합지수도 3주만에 최고 수준으로 오르다.

핵심단어연구

- 투자자들이 미국의 경제가 급속히 회복할 것이 틀림없다고 믿다. investors bet economic growth in the U.S. will make a rapid recovery.
- 서울 증시 Seoul bourse
- 서울 증시가 어제 3일 연속 상승했다. rise continually for the past three days.
- 외국인 투자자 foreign investor
- 매수세를 주도하다 lead the buying binge
- 이날의 주가 폭등은 외국인 매수세가 주요했다. The day's sharp rise in share prices was led by strong foreign buying.
- 기관투자자들도 이에 가세하다 institutional investors followed the suit.
- 다우존스 산업지수도 최고치를 기록하다. Dow Jones Industrial Average reach at its

answer

영작문

_____ best level.
_____ • 마감하다 close
_____ • 나스닥 종합지수도 3주
_____   만에 초고수준에 오르다
_____   The Nasdaq
_____   Composite Index
_____   reachs a three-week
_____   high.

08 올해 대입 수능시험이 예년에 비해 더 어려울 것이라고 선생님들이 말했다. 그들은 국어와 영어문제가 특히 어려울 것이며 수험생들의 평균점수가 이를 반영할 것 같다고 말했다.

answer

핵심단어연구

• 대입 수능 시험
  College Scholastic
  Ability Test
  (CSAT)
• 예년에 비해 더 어려워지다. will be more
  difficult than in
  previous year
• 국어와 영어문제가 특히
  어려울 거다. The
  question in Korean
  and English will be
  particulary difficult.
• 수험생들의 평균점수가
  이를 반영하다. The
  average score of the
  students are
  expected to reflect
  it.

Around the world, cultural influences govern much of the nitty-gritty of daily medical proactice. In the Confucian nations of East Asia, doctors were traditionally expected to treat people for free; they earned a living by selling medicine to be taken once the patient went home. To this day doctors in Japan and China do both the prescribing and the selling of medicine. And what? Those doctors tend to prescribe far more drugs than their Western counterparts,who don't share in the pharmacy's profit.

핵심단어연구

- centrual influence 문화적 영향력, In the Confucian nations of East Asia-동남 아시아 유교문화권 나라,
- medical practice 병원 개업
- nitty-gritty 핵심, 관행
- do both the prescribing and the selling of medicine 약 처방과 약품 판매 2 가지를 다 하다.
- Western counterparts 서방에 있는 같은 일을 하는 상데편 사람, 즉 유럽의 의사들
- share in pharmacy profit 약국의 이익을을 나누다, 약에서 이익을 얻다

answer

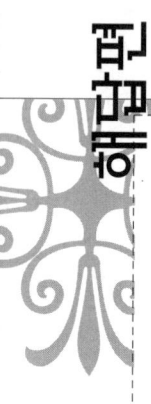

①   Most of the nation's highways are crowded with cars with the Chuseok holidays being over today as people are returning home to Seoul. Officials estimate that of 500,000 cars who had left Seoul, about 300,000
are expected to the capital today.

②   According to a survey released yesterday, despite a recent string of actions to fight sexual harassment, the survey showed that , upsetting the expectation of most people, high-ranking officials are more likely to fall victim to sexual harassment than rank-and file women employees.

③   A newscast said that more than half Korean Kindergartens have not put in CCTV.

④   After Dow Jones Industrial average hit 10,000 points for the first time in more than a year, Seoul stock observers wondered when the Kospi would jump above the much-anticipated 1,700 mark.

⑤   Stem cells have the ability to transform themselves into many other types of cells, offering the potential for regeneration of damaged organs or tissue. Many scientists believe stem cells offer hopes for treating brain-related maladies, such as Alzheimer's disease and Parkinson's disease, as well as doabetes, cancer, heart attack and spinal injuries.

⑥   Former South Korea's president KimDae-Jung who died at the ag of 85 on August 18, 2009, was a political brawler right to the finish.
   In the months before his death, the Nobel Peace laureate accused this conservative government of backsliding into the

traits of the military dictatorship he helped topple in the late 1980s. These scathing attacks were deeply embarrassing to the government because of his stature as an architect of South Korea's vibrant democracy.

Although best known in the west for trying to engage communist North Korea with a sunshine policy of rapprochement, We will remember him as the democracy activist whom the military government just could not kill in the 1970s and 1980s.

⑦ The Seoul bourse rose continually for the past three days as investors bet economic growth in the United States will make a rapid recovery.

Foreign investors led the strong buying, and other investors, including intitutional investors joined in the buying binge. The Dow Jones Industrial Average closed at its best level in a month while the Nasdaq Composite Index reached a three-week high.

⑧ Teachers said that this year's College Scholastic Ability Test would be more difficult than in previous year. They said that the questions in Korean and English would be particulary difficult and that the average score of the students are expected to reflect it.

⑨ 전 세계적으로 문화의 영향력은 일상적인 의료행위의 관행을 지배한다. 유교 문화권인 동남아시아에서는 의사들은 전통적으로 무료로 환자들을 치료해 준다. 즉 의사들은 환자들이 집에 갈 때 가져갈수 있는 약을 팔아서 생활비를 벌었다. 요사이는 일본과 중국 의사들은 처방도 하고 약을 판다. 무슨 말인가 알아맞혀 보세요? 이들 의사들은 약에서 이익을 얻지 아니하는 유럽의 의사들 보다 훨씬 많은 약을 주로 팝니다.

다섯째 마당: 영작문 & 영문독해

01 이명박 대통령은 "통일보다도 북 경제 향상이 더 중요하다."라고 말 하면서 "북이 핵 포기 땐 지원할 준비가 되어있다." 라고 그의 통일관을 처음 밝혔다.

answer

핵심단어연구
- 경제향상 economic improvement (동) improve; advance; progress
- 통일관 his position on the unification of Korean peninsula
- 핵을 포기하다 abandon a nuclear project
- 밝히다 reveal; define; clarify

■ 구문
"통일보다 북 경제 향상이 더 중요하다."라고 말하면서,"와 "북이 핵 포기땐 지원할 준비가 되어 있다." 라고 그의 통일관을 밝혔다. 말하면서 와 처음 밝혔다 는 두 개의 동사가 (note와 reveal, 또는 define) 이 동시에 발생 하므로 동시성 분사구문을 사용하는 것이 좋다.

이명박 대통령은 21일 낮 (현지시각) 뉴욕에서 "북한과의 통일이 중요하긴 하지만 통일보다 중요한 것은 남북한이 화평하게 지내는 것, 그리고 북한의 경제적 상황이 더 향상되도록 하는 것"이라며 "북한의 경제상황이 좋아져야 통일을 생각할 수 있다"고 말했다.

핵심단어연구

- 현지시각 local time
- 평화롭게 살다 live in peace/ live peacefully
- 북한의 경제적 상황이 더 향상되도록 하다 help North Korea better its economic situation.
- 북한의 경제적상황이 좋아져야 통일을 생각할 수 있다 Economic bettermentof the North Korea should come before the unification of Korean peninsula.

answer

영작문

세계인구 20억 이상이 신종 플루에 걸릴 가능성이 있다. 신종 플루가 확산되는 가운데 세계보건기구가 항 바이러스제인 타미플루의 남용을 경고 했다. "타미플루 무분별한 처방 땐 변종 바이러스가 출현할 수도 있다."

answer

핵심단어연구

- 세계 인구 20억 이상 more than 2 billion people worldwide
- 신종 플루 a new flu
- 확산되는 가운데 in the widespread of the new flu
- 신종 플루 (A/HiNi)
- 세계보건기구 World Health Organization (WHO)
- 항바이러스 제인 타미플루 anti-virous Tamiflu
- 남용을 경고 하다 warn against its overuse
- 분별한 처방 rash prescription
- 변종 바이러스 a mutant virus

04 대부분의 고속도로는 오늘 추석연휴가 끝나는 날이기 때문에 귀성하는 차량들로 크게 붐비고 있다. 관계자들에 따르면 서울을 떠난 50만대의 차량 중에 대략 30만대가 오늘 귀경할 것으로 알려졌다.

핵심단어연구

- 대부분의 고속도로
  most of the nation's highway
- 추석연휴
  Chueok holidays
- 휴가가 끝나다 The holidats are over
- 귀성하는 차들로 붐비다.
  The highways are crowded with cars returning home to Seoul.

answer

※ 관계자들에 따르면 서울을 떠난 50만대 차량 중에 대략 30만대가 오늘 귀경할 것으로 알려지다. (이 문장을 영작학기위한 tip.- 관계자들은 ~ 이라고 추측 한다고 번역할 것.)

영작문

어제 발표된 자료에 따르면 한국 직장인들은 최근의 몇몇 성희롱 방지 조치에도 불구하고 직장에서 성폭력에 시달리는 것으로 나타났다. 대부분의 사람들의 예상을 뒤집고 하위직 여성보다 고위직에서 오히려 피해자 비율이 높았다고 조사결과 밝혀졌다.

answer

핵심단어연구

- 어제 발표된 자료에 따르면 according to a survey released yesterday.
- 최근의 몇몇 성희롱방지 조치에도 불구하고 despite a recent string of actions to fight sexual harassment,
- 직장에서 성 폭력에 시달리다. workers are sexually harassed.
- 예상을 뒤집다 upset the expectations of most people
- 조사결과는 하위직 여성보다 고위직에서 오히려 피해자 비율이 높았다고 밝혔다. The survey show that high-ranking officials are more likely victim to sexual harassment than rank-and file women employees.

A former propaganda artist from North Korea is now free to paint his own truths.

He spent four years as a propaganda artist, portraying North Korean leader Kim Jong Il in unvaryingly heroic poses, but now the painter Sunmu is having fun with the form. Since arriving in the South in 2001, 38-year-old Sunmu- its an assumed name-has been lampooning his old master from a musty studio in run-down suburb of western Seoul.

In the eponymous work Kim Jong Il, the North Korean supremo is shown in a pink tracksuit, grinning and fat. In please Have Some Medicine(pictured), he is a dying hospital patient being offered Coca-Cola by a faceless North Korean child. In Remote Controller, he is a demi-god overseeing destruction, militarization and fear.

핵심단어연구

- propaganda artist 선전(정치)예술가(미술가)
- portray (인물,얼굴을) 그리다, ~을 생생하게 묘사하다
- unvarying 변하지 않는 (부) unvaryingly
- heroic pose 영웅적 자세
- Have fun with 놀라다, 조소하다
- assumed name 가명

answer

- lampoon ~을 (풍자문 등으로) 빈정그리다, 놀리다.
- musty 곰팡이 슨, 시대에 뒤진
- run-down 지친, 황폐한
- run-down (미) (정보 등의) 요약, 간추림
- eponymous 시조의 이름을 딴
- supremo 최고 권위자, 최고 책임자
- demi-god 반신
- destruction 파괴
- militarization 군비 강화, 군사화
- fear 두려움, 공포

When former British Prime Minister Tony Blair and philanthropic Chinese martial-arts star Jet Li made their own tour of inspection on Aug. 22, 2009, they chose a place that wasn't shrouded in toxic vapors or ravaged by illness.

It was the bucolic village of Baigong, in southwestern Guizhou province- a community of blue skies, grape trelises, frshly painted houses and colorful sprays of drying peppers hanging from doorways.

핵심단어연구

- philanthropic 인정 많은, 자비로운 ; philanthropist 자선가, 박애주의자
- make their own tour of inspection 시찰 여행을 하다.
- shroud 수의, 덮개, in a shroud of mist 안개에 가려져
  (동) (물건을) 덮다 ; 사실등을 (...으로) 싸서 가리다, 얼버무리다
- toxic vapor (습기, 유독 가스 같은) 눈에 안 보이는 발산물
- ravage 파괴, 약탈; (동) ..을 파괴하다
- ravaged by illness 병으로 파괴 되어진
- bucolic 전원적인, 소박한
- a community of blue skies, grape trelises freshly painted houses 푸른 하늘들, 포도 능쿨, 갓 칠해 놓은 집들로 되어 있는 지역 (마을)
- colorful sprays of drying peppers hanging from doorways 문 입구에 걸려 있는 잘 말린 여러 가지 색깔의 고추줄기

answer

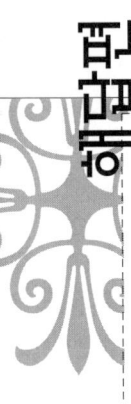

① President Lee Myong Bak has revealed his first idea for unification of Korean peninsula, : "we are ready to help the North Korea only if North Korea abandons its nuclear project.", noting he thinks the betterment of the North Korean economy comes before Korea's unification.

② In New York at the daytime on 21 September 2009(local time), he said, "although the reunification with North korea is meaningful, what's more critical is to bring peace between South and North, and help better North Korean economy, adding unless the North Korean economy is better, we cannot think of the reunification."

③ More than 2 billion people worldwide could get the new flu. In the widespread of the flu, the Word Health Organization has warned against the overuse of the Tamiflu. "the rash abuse of which could invite the emergence of a mutant virus."

④ Most of the nation's highways are crowded with cars with the Chuseok holidays being over today as people are returning home to Seoul.
Officials estimate that of 500,000 cars who had left Seoul, about 300,000 are expected to the capital today.

⑤ According to a survey released yesterday, despite a recent string of actions to fight sexual harassment, the survey showed that , upsetting the expectation of most people, high-ranking officials are more likely to fall victim to sexual harassment than rank-and file women employees.

⑥ 전 이북의 정치선전 미술가는 이제 자유롭게 자신의 진실을 그리고 있다. 그는 4년간을 선전 미술가로 보내면서 한결같이 변함없이 영웅적인 자세로 이북의 지도자 김정일을 그렸지만 이제는 그 그림을 재미있게 그리고 있다. 2001년에 한국에 도착한 이래로 금년 38세인 순무는 (가명임) 서울 서쪽 낙후된 근교 에 있는 그의 허름한 작업실에서 그의 옛 주인을 풍자 그림으로 놀리고 있다. 김정일 이라는 이름의 작품에서 핑크색의 트랙 슈트를 입고 이를 드러내고 웃으며 뚱뚱한 모습으로 나타나고 (보여 지고) 있다. "약 좀 드세요"라는 그림에서 그는 얼굴이 보이지 않는 이북의 어린 아이가 내민 코카콜라를 받고 있는 다 죽어가는 병원의 환자이다.

⑦ 전 영국 총리 토니 블레어와 자선가 중국 무술 스타는 2009년 8월 22일 현지 시찰 여행을 했을 때 그들은 유독 가스 수증기에 덮이지 않고 병에 파괴가 되지 않은 장소를 선택했다. 그것은 기주성 서남 쪽 에 있는 빠이공 이라는 전원마을 즉 푸른 하늘, 포도 능쿨, 갓 칠한 집들 다양한 색채의 잘 마른 고추 가지들이 문 입구에 걸려 있는 곳이었다.

여섯째 마당 영작문 & 영문독해

01 소비자들이 그와 같은 자신감을 가지고 말하는 곳은 세계에서 많이 없다. 미국 일본 그리고 유럽의 많은 나라들이 30년 만에 최악의 불황속에 빠져 있으나 중국은 6개월 전 만해도 많은 사람들이 중국이 회복할 거라고는 믿지 않았던 회복력을 보이고 있다.

answer

_____

_____

_____

_____

_____

핵심단어연구

- 소비자들이 그런 자신감을 가지고 말하다 customers speak with that kind of confidence
- 최악의 불황에 빠지다 to be mired in the worst recession,
- 회복력 restorative strength many doubted China would

■ 구문
미국, 일본 ~ 불황속에 빠져 있으나 이 문장은 with 전치를 이용해서 영작을 한다.
With the U.S. Japan and all of the Europe으로 시작할 것

02

최근 몇 년 동안에 이 세계는 점점 더 두 개 지역으로 쪼개지고 있다.: 담배피우는 지역과 금연지역. 담배는 법정소송, 흡연 금지, 세금인상 그리고 담배 광고 제한 때문에 점점 밀려났다.

핵심단어연구
- 최근 몇 년 동안에 in recent years
- 쪼개다 cleave
- 법정소송 lawsuit
- 흡연금지 smoking bans
- 세금인상 rising taxes
- 담배광고 제한 cigarette advertising restrictions.

answer

03

한국정부는 한국경제 전망을 이렇게 밝혔다. "한국 경제는 4/4 분기에도 발전할 것이지만 성장속도는 3/4 분기 보다 크지는 아니할 것이다." 그리고 "기대했든 것보다 더 빠른 경기회복은 정부의 막대한 경기부양책이 그 원인이었고 그리고 금년 초까지 약한 원화는 국내 수출상들에게 해외시장에서 가격 경쟁력을 갖추게끔 해 주었다."

영작문

핵심단어연구

- 한국 경제 전망 the prospect of Korean economy
- 4/4분기 fourth quarter
- 성장속도 the pace of growth
- 크지는 아니할 것이다. (더 클 가능성은 없을 것이다 로 번역 할 것) is unlikey to be bigger
- 정부의 막대한 경기부양책이 그 원인이었다. has been helped along the massive amount of government's stimulus package
- 약한 원화, weak won
- 가격 경쟁력을 갖추게 해 주다. (가격의 우위를 주다 로 번역) give the exporters prioce edge in oversea markets.

04 줄기세포는 많은 다른 종류의 세포로 변형될 수 있으며 손상된 기관이나 조직을 재생시킬 수 있는 가능성을 제공한다. 많은 과학자들은 줄기세포가 당뇨병, 암 심장발작, 그리고 척수 손상 뿐아니라, 알츠하이머 나 파키슨병 과 같은 뇌 관련 질환을 치료하는데 희망을 준다고 믿고 있다.

핵심단어연구
- 줄기세포 stem cell
- 다른 종류의 세포로 변형될 수 있다 can transform themselves into other types of cell
- 손상된 기관이나 조직을 재생시킬 수 있는 능력을 제공하다. offer the potential for regeneration of damaged organs or tissue.
- 암, 심장발작 cancer, heart attack, 척수 손상 spinal injuries
- 알츠하이머 나 파키슨병 Alzheimer's disease and Parkinson's disease

answer

영작문

05 주요 온라인게임 개발업체와 서비스 회사들은 사용자들을 끌어들이기 위해 다양한 종류의 판촉 행사와 리그전을 개최했으며 여름방학 기간을 새로운 게임을 선보이는 데 적합한 시기로 기대하고 있다.

answer
_____
_____
_____
_____
_____
_____
_____
_____
_____
_____

핵심단어연구
- 주요 온라인게임 개발업체 major online game developer
- 서비스회사 operator
- 사용자들을 끌어들이다 attract users
- 다양한 판촉행사 a variety if promotional events
- 여름방학 기간을 새로운 게임을 선보이는 적합한 시기로 기대하다. expect something to be
  expect summer vacation to be a convenient time for launching new games.~ 을 무엇이라고 기대하다.
  be convenient for ~ 하기에 적합하다

06 공산주의자들이 1930년과 1940년대 중국을 장악하기의해 싸우고 있었을때 그들은 민주주의, 언론의 자유 그리고 사법제도 독립을 약속했다. 그들이 권력을 잡은 지 60년이 지난 지금 이들 중 어느 것도 존재하지 않는다.

핵심단어연구

- 중국을 장악하기 위해 싸우다 fight for control China in 1930s and '40s.
- 민주주의, 언론의 자유 그리고 사법제도 독립을 약속하다 promise democracy, a free press and an idependent judicial system.
- 그들이 권력을 잡은지 60년이 지난 지금, Now, six decades after they came to power, none of those exist.

answer

_____
_____
_____
_____
_____
_____
_____

 07 당신은 자동차를 살 때와 모로코 길거리에서 물건을 살 때만 값을 깎아야 한다고 생각을 하는가? 이런 불황시기엔 모든 곳에서 모든 물건을 흥정 하지 않으면 쓸데없이 당신 주머니만 축을 내는것이다.

핵심단어연구

- 자동차를 살 때와 모로코 길거리에서 물건을 살 때만 only when buying cars or shopping in the streets of Moroco
- 이런 불황시기에 in this recession
- 모든 곳에서 모든 물건 everything everywhere
- 쓸데없이 needlessly
- 흥정하다 bargain for something
- 값을 깎다 haggle

answer

_____
_____
_____
_____
_____
_____
_____
_____

08 In short, Washington is in the midst of sweeping power grab over the compensation practices of corporate America. But the Government's record at pay regulation is not encouraging.

The wage and price controls of Nixon's era were quickly abandoned as unworkable. A 1993 attempt by Congress and the Clinton Administration to rein in executive pay by not allowing corporations a tax deduction on executive salaries above $1 million turned out to be an object lesson in unintended consequences.

핵심단어연구

- In short 간단히 말해서
- in the midst of sweeping power grab over .... 에 대해 전반적으로 권력을 행사하고 있는;
- compensation practice 보상금 지급
- The wage and price controls of Nixon's era 닉슨 시대의 임금 물가 통제;
- Government's record at pay regulation 지급 규정에 대한 정부의 공식입장(공식기록)은 바람직하지 못하다. (not encouraging)
- encouraging 격려가

answer

- 되는
- as unworkable
  도움이 되지 않는, 효과가 없는
- A 1999 attempt by Congress 미 국회의 1999년도 기도
- rein in 고삐를 잡다
- tax deduction on executive salaries 이사들 월급에 대한 세금 감면
- object
  물건, 물체, 목적
- object (형) 비참한, 어이가 없는
- unintended consequences 전혀 의도 하지 않았든 결과

❶　There aren't a lof of places in the world these days where consumers speak with that kind of confidence. With the U.S., Japan and all of Europe mired in the worst global recession in 30 years, China has shown a restorative strength that six months ago many doubted it had.

❷　In recent years, the world has increasingly been cleaving into two zones: smoking and nonsmoking. Tobacco is in retreat by lawsuits, smoking bans, rising taxes and advertising restrictions.

❸　The Korean government has announced, "the economy will expand in the fourth quarter, but the pace of growth is unlikely to be bigger than the third quarter, and " the faster-than -expected recovery has been helped along by massive amount of the government's stimulus package and until earlier this year, a weak won gave local exporters a price edge in oversea markets.

❹　Stem cells have the ability to transform themselves into many other types of cells, offering the potential for regeneration of damaged organs or tissue.
　Many scientists believe stem cells offer hopes for treating brain-related maladies, such as Alzheimer's disease and Parkinson's disease, as well as doabetes, cancer, heart attack and spinal injuries.

❺　Major oneline game developers and operators have launched a variety of promotional events, expecting the summer vacation to be convenient for introducing new games.

⑥   When the communists were fighting for control of the China in the 1930s and 40's, they promised democracy, a free press and an independent judicial system. Now sixty decades after they came to power, none of those exist.

⑦   Think you should haggle only when buying a car or shopping in the streets of Morocco?
  In this recession, if you are not bargaining for everything everywherem you're needlessly draining your wallet.

⑧   간단히 말해서, 워싱턴 정부는 미국 기업체의 보상금 지급 실행에 관해 전반적인 권력행사를 하고 있고 있는 중이다. 지급 규정에 대한 정부의 기록은 바람직하지않다. 닉슨행정부 시대의 임금 물가 통제는 그 후 곧 효과가 없는 것으로 폐기 되었다.
  미 국회와 크린턴 행정부에 의한 백만 불 이상의 이사들 급료에 대해 기업으로 하여금 세금공제 를 불허 함으로 해서 이사들 월급에 고삐를 잡고자 한 1999년도 기획은 결국 전혀 의도 하지 않았든 결과를 가져온 비참한 교훈이 되었다.

일곱째 마당 영작문 & 영문독해

01 현직 대통령 대 전 총리 불 '세기의 재판'

　원고는 프랑스 현직 대통령 피고는 전직 총리 프랑스에서 '세기의 재판'이라고 불리며 2009년 9월 21일 시작한 이 재판의 원고는 니콜라 사르코지 대통령과 도미니크 스트라우스-칸 국제통화기금(IMF) 총재를 포함한 40명, 피고는 도미니크 드 빌팽(Vilepin) 전 총리 등 5명이다. 빌팽은 이날 "결국 진실이 승리할 것"이라고 무죄를 주장했다.

　이 사건은 2004년 한 수사검사에게 날아든 '투서'에서 시작했다. 투서에는 1991년 프랑스로부터 미사일과 군함 등을 수입한 대만의 무기업체가 제공한 뇌물이 예금돼 있다는 룩셈부르크의 클리어스트림은행의 비밀계좌와 수뢰 정치인들의 이름이 적혀 있었다.

answer

핵심단어연구

- 현 대통령 대 전 총리 incu,mbent president versus former prime minister
- 원고 plaintiff
- 피고 defendant
- 세기의 재판 trial of the century
- 국제통화기금 총재

IMF chairman
- 피고는 도미니크 드 빌팽 전총리 The accused are 5 persons, including the former Prime Minister Vilepin.
- 빌팽은 이날 "결국 진실이 승리할 것" 이라고 무죄를 주장했다. Vilepin pleaded not guilty, saying that."the truth will finally win."
- 수사검사 investigative prosecutor
- 투서 anonymous letter

투서에는 1991년 프랑스로부터 미사일과 군함 등을 수입한 대만의 무기업체-a Taiwan's weapon dealer who imported missile and warships from France. 룩셈부르크 클리어스트림은행의 비밀계좌와 수뢰 정치인들의 이름- the Clearstream Bank account in the Luxembourg, in which the bribe offered by the weapon dealer is deposited and also the name of politicians who accepted the bribe are given.

영작문

02 어제 한 산업체 설문조사는 한국에 와 있는 4개의 다국적 기업 중에서 최소 한 개의 기업은 에너지와 친환경 산업부문을 가장 투자 값어치가 있는 부분으로 생각하고 있는 것으로 나타났다.

answer

핵심단어연구
- 한 산업체 설문조사 an industry survey
- 한국에 와 있는 4개의 다국적 기업 중에서 out of four multi-national firms in Korea.
- 생각하다 consider ~으로 생각하다
- 에너지와 친환경 산업부문 energy and green industry
- 가장 투자 값어치가 있는 부문 the most investment-worthy

03 2개의 국내 소비지수중 하나인 시설 투자는 정부의 금융지원이 하반기에 단계적으로 줄어들자 빠르게 감소되고 있다.

answer

핵심단어연구
- 2개의 국내 소비지수중 하나 one of 2 key indicators of domestic demand.
- 시설투자 facility investment
- 정부의 금융지원 government's fiscal support
- 단계적으로 줄어들다 phase out
- 하반기 the second half

세종시 최초의 플랜은 정부 역할의 효율성을 떨어뜨릴 뿐만 아니라 충청지역 개발에도 도움을 주지 못한다. 수정안은 기업체, 교육과 과학시설을 세종시로 이전을 추진하여 세종시를 자력도시로 만든다는 것이다.

핵심단어연구

- 세종시 플랜 the Sejong City plan
- 정부 역할의 효율성을 떨어뜨리다. undermine the efficiency of the government operation.
- 충청지역 개발 the development of Chungcheong region
- 수정안 the planned revision
- 기업체, 교육과 과학시설을 세종시로 이전하다 relocate companies, education and science facilities to Sejong City.
- 세종시를 자력도시로 만들다 make Sejong City self-sufficient.

answer

05
재무부는 금년 말 4대강 복구공사를 포함한 인프라 프로젝트를 시행함으로서 시설투자를 촉진시킬 예정이다.

answer

핵심단어연구
- 금년 말 4대강 복구공사 restoration projects for four major rivers later this year.
- 인프라 프로젝트 infrastructure project (infrastructure-사회시설)
- 시설 투자를 촉진 시키다 boost facility investment

06
여론 조사에 의하면 세종시 이전 플랜은 반드시 수정되어야 한다는 것이다. 그 여론 조사에 의하면 여론조사에 응한 사람들의 50.7 프센트가 과학과 의학연구실의 중심지가 되는 자력도시 건설을 지지하고 있다.

answer

핵심단어연구
- 세종시 이전 플랜 relocation plan of Sejong City
- 여론조사에 응한 사람들의 50.7 프센트 50.7 percent of those polled.
- 과학과 의학 연구실의 중심이 되는 자력도시 self-sufficient city focused on science and medical research
- 지지하다 support

원자바오 중국 총리는 이번 방북에서 적잖은 '선물보따리'를 풀었다. 공개된 것만 2억달러를 웃돈다. 무상경제 원조와 기술.교육 분야의 지원 협정, 관광산업 관련 협정, 중국측 비용 부담을 전제로 한 신압록강대교 건설 등이 있다.

핵심단어연구

- 원자바오 중국총리 Chinese Prime Minister WenJiabao
- 이번 방북에서 적잖은 선물 보따리를 풀다 undo a considerable gift package on his visit to the North Korea.
- 공개된 것만 2억 달러를 웃돌다 the amount made public exceeds $200 million
- 무상 경제 원조 an economic aid without consideration
- 기술 교육 분야 지원 협정 deal to cooperate technology and education, deal related to mining industry, and deal to build the new bridge over the Amrok River on the precondition of Chinese expense (or at Chinese own expense)

answer

08

Aroud the world, cultural influences govern much of the nitty-gritty of daily medical proactice. In the Confucian nations of East Asia, doctors were traditionally expected to treat people for free; they earned a living by selling medicine to be taken once the patient went home. To this day doctors in Japan and China do both the prescribing and the selling of medicine. And what? Those doctors tend to prescribe far more drugs than their Western counterparts,who don't share in the pharmacy's profit.

핵심단어연구

- centrual influence 문화적 영향력, In the Confucian nations of East Asia-동남아시아 유교문화권 나라,
- medical practice 병원 개업
- nitty-gritty 핵심,관행
- do both the prescribing and the selling of medicine 약 처방과 약품 판매 2가지를 다 하다.
- Western counterparts 서방에 있는 같은 일을 하는 상대편 사람, 즉 유럽의 의사들
- share in pharmacy profit 약국의 이익을 을 나누다, 약에서 이익을 얻다

answer

When the hammer and sickle finally fell in the Soviet Union nearly two decades ago, hundreds of thousands of tons obsolete pesticides and other chemicals were left behind, scattered about the 15 newly independent republics. Stored in torn bags and collapsing sheds, the chemical cocktail was allowed to seep into ground-water and from there it passed into the surrounding animal and human populations.

핵심단어연구

- hammer and sickle 해머 와 낫
- hundreds of thousands of tons obsolete pesticides 수십만 톤의 폐기 살충제
- leave something behind ~을 뒤에 남겨두다. left behind ~이 뒤에 남겨지다.
- scatter something about 주위에 ~을 뿌리다
- scattered about 주위에 흩어져 있는
- Stored in torn bags and collapsing shed 찢어진 가방과 쓸어져 가는 창고에 보관되어 있는
- cocktail (약 등의) 혼합물, seep into 안으로 스며들다

answer

① As the highlight called "a century trial" in the France, this case started on Sept.21, 2009. The case has a group of 40 plaintiffs, including French incumbent President, Sarkozy and IMF chairman Strausskahn, and the accused is former Prime Minister Villepin and the other four persons.

Villepin pleaded not guilty, saying that "the truth will finally win." The public prosecutor's office received an anonymous letter reporting the Luxembourg Klearstream bank's account keeping the bribe offered by a Taiwan arms dealer who imported missles and warship from France, and the names of politicians accepting the bribes, from which the case is sourced.

② Nearly one out of four multi-national firms in Korea consider the energy and green industries the most investment-worthy sectors, an industry survey found yesterday.

③ Facility investment, one of the two key indicators of domestic demand, plummeted quickly as the government's fiscal support is phasing out in the second half.

④ The initial Sejong City plan not only undermine the efficiency of the government operation but also fails to support the development of the Chungcheong region. The planned revision would encourage companies, education and science facilities to the Sejong City in order to make it self-sufficient.

⑤ The Finance Ministry plans to boost facility investment by conducting infrastructure projects, including the restorations for four major rivers later this year.

⑥ opinion polls show that the Sejong City plan must be revised. According to the poll, 50.7 percent of those polled support building a self-sufficient city focused on science and medical research.

⑦ Chinese Prime Minister has undone his gift bundle on his visit to the North Korea. It has been made public that his offer exceeds more than $200.00 million. It includes an economic aid without consideration, the deal for cooperation of technological and eductional sectors, and for construction of new bridge over Amrok River at the Chinse own expense.

⑧ 전 세계적으로 문화의 영향력은 일상적인 의료행위의 관행을 지배한다. 유교 문화권인 동남아시아 에서는 의사들은 전통적으로 무료로 환자들을 치료해 준다. 즉 의사들은 환자들이 집에 갈 때 가져갈수 있는 약을 팔아서 생활비를 벌었다. 요사이는 일본과 중국 의사들은 처방도 하고 약을 판다. 무슨 말인가 알아맞혀 보세요? 이들 의사들은 약에서 이익을 얻지 아니하는 유럽의 의사들 보다 훨씬 많은 약을 주로 팝니다.

⑨ 약 20년 전 소비에트 연방에서 해머와 낫이 내려졌을 때 수십만 톤의 폐기 살충제 와 화학 물질이 남겨졌으며 15개 신생 독립 공화국 주위에 뿌려졌다. 찢어진 가방과 그리고 허물어져 가는 창고에 보관되어진 이 화학물질은 자연히 주위의 독물 과 인간들 속으로 스며들어갔다.

여덟째 마당 — 영작문 & 영문독해

01 23일 법무부, 노동부, 행정안전부 3부 장관 합동으로 통합공무원노조의 민주노총 가입을 우려하는 성명을 발표하자 민주노총도 즉각 대 정부 공세로 맞섰다. 법무부 노동부 행정 안전부 장관은 성명을 발표하고 "공무원 노조가 정치 세력 형성을 목표로 하는 강경 노동 단체에 참여 한다는 것은 부적절한 행동 이다"라고 말했다. (2009년 9월 24일 조선일보 1면 기사)

answer

핵심단어연구

- 법무부, 노동부, 행정안전부 3부 장관
The Minister of Administration and Security, the Minister of Justic and the Minister of Labor;
- 통합공무원노조 public workers' unions
- 가입을 우려하다 concern over membership
- 대 정부 공세로 맞서다 take a stern countermeasure against government;

핵심단어연구

- 정치세력 형성을 목표로 하다 set a goal of forming a political force
- 강경 노동 단체에 참여하다 participate in (join) the hard-line labor group.
- 부적절한 inappropriate

answer

 이명박 대통령은 9월 23일 오전 (현지시각) 뉴욕에서 후진타오 중국국가 주석과 정상회담을 갖고 한반도 비핵화를 위한 북한과의 일괄타결 방안에 의견접근을 이뤘다고 밝혔다.

핵심단어연구

- 중국주석 후진타오와의 정상회담을 가지다 have a summit with Chinese President Hu Jintao
- 한반도 비핵화를 위한 북한과의 일괄타결 방안 grand bargain proposal with the North Korea over the denuclearization of the Korean peninsula

answer

영작문

03 세종시로 정부 부처를 이전하는 문제에 대해 청와대와 한나라당이 다른 시각을 보이고 있다.
  청와대와 정부 쪽에서는 "9부2처2청의 중앙부처를 옮기는 원안은 비효율적" 말이 계속 나오고 있다.

answer

핵심단어연구
- 세종시 Sejong City
- 정부 부처 government agency
- 다른 시각을 보이다 have a different view over
- 원안, original plan inefficient
- 말이 계속 나오고 있다 words are leaking out

04 우선 에너지 소비가 더욱 효율적이 되면서 전반적인 생산성이 향상된다. 연료 비용에 들어가던 자본이 투자로 전환되기 때문이다. 물론 국제에너지기구에 따르면 저탄소에너지 생산과 인프라 건설에 2030년까지 33조 달러의 투자가 요구된다.

answer

핵심단어연구
- 에너지 소비가 더욱 효율적이 되면서 more efficient consumption of energy

- 전반적인 생산성
  overall productivity
- 국제에너지기구
  International energy agency (IEA)
- 저탄소에너지 생산과 인프라 건설
  kow-carbon energy production and infrastructure.
- 2030년까지 33조 달러가 요구된다
  will require up to $33 trillion by 2030.

05

지난 30년 동안에는 정보와 통신 기술의 혁명이 성장의 주된 엔진이었다. 다음 30년은 저탄소 기술이 성장을 이끌 전망이다. 지난 해 세계 각국 정부는 경기부양 자금의 상당부분을 녹색 투자에 할애했다.

핵심단어연구
- 정보와 통신기술의 혁명
  revolution in information and communication technologies.
- 경기부양 자금
  economic stimulus package
- 녹색투자
  green investment

answer

06 정부의 역할이 필수적이다. 우리는 경기를 부양하고 금융 규제를 개혁하기 위해서는 정부가 과거보다 더 적극적인 역할을 해야 한다는 사실을 우리는 깨달았다.

핵심단어연구
- 필수적인 vital
- 경기를 부양하다 stimulate demand
- 금융규제를 개혁하다 reform financial regulation
- 정부가 적극적인 역할을 하다. government should play a more active role
- 깨닫다 recognize

07 국내 은행들의 이익이 크게 증가하였지만 은행들이 장기적으로 이익을 내기 위해서는 모든 잠재 부실채권을 정리해야 한다는 것이 일반적인 견해다.

핵심단어연구
- 국내 은행들의 이익 Domestic banks' earnings
- 증가하다 improve
- 장기적으로 이익을 내다 renain profitable over the long terms.

- 잠재 부실채권을 정리하다 dispose of all potential bad loans.
- 일반적인 견해 common views.

 한국은행의 금리인상 이후 채권이 단기적으로는 강세를 유지할 것으로 예상되지만 중기적으로 수익률은 크게 오를 것이라고 한 증권사가 전망하였다.

핵심단어연구
- 금리인상 a rate hike
- 단기적으로 in short term
- 강세를 유지할 것으로 예상되다 be likely to remain bullish
- 중기적으로 in the medium term
- 수익률 yields
- 증권사 a brokerage firm

answer

09 원화가 달러에 대비하여 11개월 만에 최고치에 달했다. 외국인들의 한국자산에 관한 관심이 예상보다 빠른 경기회복과 주식 값의 반등에 힘입은 것이다

핵심단어연구

- 원화가 달러에 대비 11개월 만에 최고치에 달하다.
  The won climbed to an 11-month against the dollar
- 외국인들의 한국자산에 관한 관심 foreign appetite for Korean assets
- 예상보다 빠른 경기회복 a faster-than-expected economic recovery
- 주식 값의 반등 stock market rally

High energy prices have started to put a dent in corporate profits. But surprisingly, one industry that relies heavily on oil has not been hurt: The railroads. Most of the nation's top railroad companies have chugged along with strong sales and earnings increase in 2009, their results stoked by rising demand for trasnsporting food and coal.

핵심단어연구

- put a dent in coporate profits.
  기업들의 수입에 흠집을 내다.
- rely heavily on oil
  전적으로 기름에 의존하다.
- chug along with strong sales
  강력한 판매로 활발히 움직이다.
- earning increase
  수입의 증가
- stoke 불을 지피다,
  …에 연료를 공급하다
- results 결과(영업)

answer

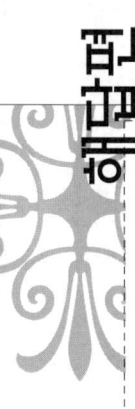

① When the Ministers of Justic, Labor and of Administration and Security issued a joint statement expressing deep concerns over the membership of public workers' unions into the Korean Conferation of Trade Unions, the Korean Conferation of Trade Union took a immediate countermeasures against the government.

Issuing the public statement, said the 3 ministers," it is inappropriate for the civil service unions to join the hard-line umbrella labor group that has set a goal of forming a political forces.

② President Lee Myong-bak had a summit meeting with Chinese President Hu Jintao in New York in the morning on Sept. 23, 2009, and reached an agreement with him on his grand bargain' proposal over the North Korean nuclear condrum to free Korean Peninsula of nuclear., said a government source.

③ When it comes to moving government agencies to Sejong City, President Lee Myong-bak and GNPAre divided on the matter. The words are leaking out that the Chong Wa Dae and its Government think it is not efficient that government sticks to the original plan of moving 9 ministries, 2 government agencies and 2 offices to the Sejong City.

④ First of all, more efficient consumption of energy will bring greater overall productivity. It is because resources once directed to meet fuel bills are released for investment. The need for low-carbon energy production and infrastructure will require up to $33 trillion investment by 2030, according to the International Energy Agency.

⑤ The revolution in information and communications technologies played a role for a major motor of growth over the past 30 years. The low-carbon technologies will do so over the next. Over the past year governments across the world have

made green investment a major part of their economic stimulus packages.

⑥ The role of government is vital. We have all recognized that stimulating demand and reforming financial regulation require more active role for government than has generally been practiced over recent years.

(another model sentence-)
The role of government is vital. we have all recognized that governments need to play a more active role to stimulate demand and reform financial regulation than they have generally practiced over recent years.

⑦ Domestic banks' earnings have greatly improved, but common views are that banks must dispose of all potential bad loans in order to remaijn profitable over the long term.

⑧ Although bonds are likely to remain bullish in the short tem after a rate hike by the Bank of Korea, yields will rise sharply in the medium term, a brokerage firm predicted.

⑨ The won climbed to an 11-month high against the dollar. It's foreign appetite for Korean assets keeps growing in line with a faster-than-expected economic recovery and stock market rally.

⑩ 높은 에너지가격은 대기업 영업 수익에 흠집을 내기 시작했다. 하지만 놀랍게도 기름에 전적으로 의존하는 한 기업이 해를 입지 않았다는 것이다. 즉 철도산업 이다. 즉 이 나라의 상위 철도회사들은 판매증가와 2009년도 수익률 증가로 호황을 누렸다. 이와 같은 결과는 식품과 연탄 수송의 증가에 힘입은 것이다.

아홉째 마당 영작문 & 영문독해

01 세계적인 반도체 회사 인텔은 2000년대 초반 아찔한 위기를 겪었다. 1990년 말부터 '닷컴 열풍'이 뜨겁게 불면서 한껏 부풀어 올랐던 IT 버블 (정보기술 업종의 과도한 거품 현상)이 일순간 붕괴되면서 IT 업계 전반에 엄청난 충격파가 밀어닥친 것이다.
(Fortune Korea)

answer
_____
_____
_____
_____
_____
_____
_____
_____
_____
_____

핵심단어연구

- 세계적인 반도체 회사 'Intel' world's leading semiconductor 'Intel'
- 2000년대 초반에 early in 2000's
- 아찔한 위기 dizzying crisis
- '닷컴열풍' 'dot com fever
- 한껏 부풀어 올랐던 IT 버벌 IT bubble buoyed up to its crimax (excessive bubble phenomenon of information technology field.)
- 일순간 붕괴되다 crash in the blink of an eye

미국을 방문 중인 이명박 대통령은 23일 오후 (한국시간 24일 오전) 뉴욕에서 하토야마 유키오 일본 총리와 첫 한·일 정상회담을 갖고 양국 현안과 북핵문제에 대해 협의했다.

핵심단어연구

- 하토야마 유키오 일본 총리와 첫 한·일 정상회담을 가지다 have the first ever Japan-South Korean summit with Japanese Prime Minister Hatoyama Yukio
- 양국 현안과 북핵문제에 대해 협의하다 discuss problems pending between two countries, South Korea and Japan.

answer

영작문

03 하토야마 총리는 "한·일 양국은 때려야 뗄 수 없는 관계인 만큼 양국 간 문제뿐 아니라 세계와 아시아 문제 등 다양한 과제에 대해 서로 협력해 나가자"면서 "경제문제뿐 아니라 기후 변화, 핵 등 글로벌 이슈에 대해 공조해 나가자"고 했다.

answer

_____

_____

_____

_____

_____

_____

_____

_____

_____

핵심단어연구

- 뗄려야 뗄 수 없는 관계 unseparable relations
- 양국간 문제뿐 아니라 세계와 아시아 문제 등 다양한 과제에 대해 서로 협력해 나가자고 제안하다 propose to have a close cooperation with each other on the various issues of Asian countries as well as the matters of the world.
- "경제문제뿐 아니라 기후 변화, 핵 등 글로벌 이슈에 대해 공조하다. work together to solve global issues including global weather change as well as economic concerns.

예금 증서 이자율이 계속 오르므로 해서 경제에 부담을 주고 있다. 이 인상은 담보 와 다른 대출이자까지 영향을 줌으로 해서 가계에 큰 부담을 주고 있다. 8월에 연 2.41 퍼센트 이든 예금증서 이자율이 지난 수요일 2.71 퍼센트까지 올랐다. 이는 중앙은행이 예상보다 더 빨리 기준금리를 인상할지도 모른다는 기대감 때문이다.

핵심단어연구

- 예금증서 certificate of deposit
- 경제에 부담을 주다 put burden on the household
- 담보와 대출이자 mortgage and other loan rate
- 예금증서 이자율이 8월에 연 2.41 퍼센트였다. CD rate stood at 2.41 percent a year.
- 기준금리 benchmark rate
- 예상보다 더 빨리 sooner than expected.

answer

전 세계적으로 통신시장이 심각한 침체에 빠져 있는 이 순간에도 한국의 초고속인터넷업계는 지속적으로 가입자를 유치하고 추가적인 서비스를 제공함으로 수익을 증대시키고 있다.

answer

핵심단어연구
- 침체에 빠지다 be mired in a severe slump
- 이 순간에도 even at this moment
- 초고속인터넷업계 broadband industry
- 가입을 유치하다 attract subscribers
- 추가적인 서비스를 제공하다 offer additional services

한국의 주요 통신업체들은 올해 상반기 지속적인 경제회복과 광고 매출 증가로 인해 기록적인 수익을 올렸다.

answer

핵심단어연구
- 주요통신업체 major communication player
- 지속적인 경제회복과 광고 매출증가로 인해 because of a steady economic recovery and and an increase in advertising revenue.

초고속인터넷 서비스분야의 급격한 성장은 한국의 사용자들이 새로운 기술과 더 빠른 네트워크 접근성에 매우 긍정적인 반응을 보인 것도 수요증대의 주요 요인이었다.

핵심단어연구
- 초고속인터넷 서비스분야의 급격한 성장 the rapid growth of the broadband service sector
- 새로운 접근성과 더 빠른 네트워크 appetite for new technologies and faster access.
- 수요증대를 하다. drive up the demand

answer

 대응방안은 자동차 매연배출 기준을 강화하는 것과, 천연가스와 전기자동차 개발과 보급 등이다.

핵심단어연구
- 대응방안 countermeasure
- 자동차 매연가스 기준 강화 strengthen vehicles emission
- 전기 자동차 개발 과 보급 develop and distribute electric vehicles

answer

09 한국은 수십만 명의 노인들이 분단 경계선 너머에 있는 오랫동안 보지 못한 가족들을 보는 것이 그들의 마지막 희망인 이 지구상 유일한 국가다.

핵심단어연구
- 수십만 명의 노인들
  hundreds of thousands of elederly people.
  (s가 hundred와 thousand에 다 붙는다.)
- 분단 경계선 너머에
  across border
- 유일한 국가
  only country in the world

10 정부가 '이중국적'을 광범위하게 인정하는 국적법 개정안을 마련해 내달 국회에 제출할 것으로 18일 알려졌다.

핵심단어연구
- 이중국적
  Dual nationality
- 인정하다. recognize, embrace
- 광범위하게 in a large extent
- 개정안 revision bill
- 국회에 제출하다.
  submit to national assembly
- 알려지다.
  become known

KT is benefiting from its nationwide fixed-line network infrastructure, which it has secured by handling the telephone service that was built-up as a state-run telecom operator over the past decades.

핵심단어연구
- benefit from ~ 으로부터 혜택을 보다
- by handling the telephone network service 전화서비스를 제공함으로
- built-in 구축되어진
- a state-run 국영업체

answer

❶   Early in 2000s the world's leading semiconductor manufacturer experienced a dizzying crisis. In the grip of a burning dotcom. fever from the end of 1990s, the IT bubble buoyed up to its crimax crashed in the blink of an eyes, which prompted the entire IT industry to fall into deep trouble.

❷   President Lee Myong -bak , who is now in visiting the U.S., had first ever summit with Japanese prime minister Hatoyama Yuki in New York afternoon on Sept.23, and discussed problems pending between two countries, South Korea and Japan.

❸   He emphasized his point that the two countries have the closest relations and need to have mutual cooperations on the various issues such as the matters of the Asia and world., offering his idea of the two countries cooperating with each other on nuclear issues as well as the economic progress.

❹   A continued rise in certificate of deposit interest rates is putting pressure (burden) on the economy, which pushes up mortgage and other loan rates, raising the burden of households. The CD rates, which stood at 2.41 percent a year in August, climbed to2.71 percent on Wednesday. It is in anticipation that the central bank may start raising the benchma 가 rate sooner than expected.

❺   Even at the moment which the global telecom market has been mired in a severe slump, Korea's broadband industry is

continuing to attract subscribers and increase profitability by offering additional service.

⑥ Korea's major communication players made (posted) record earnings, (which is) helped by a steady economic recovery and an increase in advertising revenue in the first half of this year.

⑦ The rapid (explosive) growth of the broadband service is because Korean users show a strong appetite for new technologies and faster network access ,driving up the demand.

⑧ The countermeasures include include strengthening vehicle emission, developing and distributing nature gas and electic vehicles.

⑨ Korea is only country in the world which hundreds of thousands of elderly people's last hope is to see their long-lost family across the border.

⑩ It became known on 18th of this month that the Government will make arrangement for the revision bill embracing dual nationality in a large extent and submit it to the National Assembly next month.

⑪ KT는 전국 유선 네트워크 인프라 혜택을 보고 있는데 이는 지난 수 십년 간 국영 통신업체로서 구축한 전화서비스를 제공하면서 확보한 것이다.

열번째 마당 영작문 & 영문독해

01 올 11월부터는 2년 이상 이동통신 회사를 변경하지 않고 사용하는 장기 가입자들의 통신요금이 지금 보다 5-25% 인하 된다. 통신요금 부과 체계도 기존 10초 단위에서 1초단위로 바뀐다.

answer

핵심단어연구

- 올 11월부터는 Starting from November this year
- 2년 이상 이동통신 회사를 변경하지 않고 사용하는 장기 가입자들 customers who subscribed to their respective service without change of mobile service operator
- 통신요금이 지금보다 5-25% 인하되다 would get rate cuts 5% up to 25%.
- 통신요금 부과 체계도 기존 10단위에서 1초단위로 바뀐다. Billing scheme changes from 10 second base to per second base.

방송통신위원회와 SK텔레콤. KT텔레콤. LG텔레콤 등 통신업체들은 27일 이런 내용을 골자로 한 '통신요금 인하 방안'을 확정 발표했다.

핵심단어연구

- 방송통신위원회 Korea communications committee
- SK텔레콤. KT텔레콤. LG텔레콤 등 통신업체들 mobile date service players
- 이런 내용을 골자로 한 '통신요금 인하 방안 measures to reduce communication charge rate with this as main agenda.
- 확정 발표하다 decide and announce

answer

 아시아에서 네 번째로 큰 경제권이 역사의 대부분 방관시 되어왔으나 곧 주류 경제권으로 등장할 것 이며 점점 더 세계무대에서 중요한 역할을 할 것이다.

핵심단어연구

- 아시아에서 네 번째로 큰 경제권 Asis's fourth-largest economy

answer

영작문

- 방관시 되다 to be on sidelines
- 곧 주류 경제권으로 등장할 것이다 soon emerge as a mainstream economy.
- 점점 더 세계무대에서 중요한 역할을 할 것이다 - will play an increasingly prominent role on the global stage

04 한국은 세계 13위 경제국이고 내년 11월에 제 5차 G20 선진국 개최국으로서 이 새로운 질서에 중요한 역할이 주어질 것이고 이 회의에서 선진국 지도자들은 금융위기 이후 시대를 어떻게 대처할 것인가를 의논 하게 된다.

answer

핵심단어연구

- 내년 11월에 제 5차 G20 선진국 정상회의 the host of the fifth summit for the Group of 20 industrialized nation in November next year
- 중요한 역할이 주어지다 will be given a major role.
- 금융위기 이후 시대를 어

영작문

| 떻게 대처 할 것 인 가를 의논하다 discuss how to deal with the post-financial era | |

05

한국 역사상 최악의 기름유출로 피해를 본 중소기업들이 국제 오일 오염 보상자금으로부터 보상을 받을 수 있을 것으로 보인다. 2007년 12월 7일 약 12,000 톤의 원유가 태안군 앞바다 황해로 유출되었다.

핵심단어연구

- 한국역사상 최악의 기름유출 the worst oil spill in Korea's history
- 국제 오일 오염 보상자금 International Oil Pollution Compensation Fund
- 보상자금 compensation
- 태안군 앞바다 황해로 into Yellow Sea near Taean County

answer

101

영작문

06 한국전력은 스마트 그리드 기술 플러그인 자동차, 친환경 주택 이와 관련된 다른 친 환경 전력 발전 기술에 총 2조8천억 원을 투자할 계획이다.

핵심단어연구
- 한국전력 Electric Power Corp.
- 투자할 계획이다 plan to spend ~ on
- 스마트 그리드 smart grid
- 친환경 주택 green home
- 이와 관련한 친 환경 전력 발전 other related eco-friendly power gemeration

07 정부가 자동차로 인한 오염의 피해를 줄이기 위해 취한 몇 개의 대응 방안을 제시했다.

핵심단어연구
- 제시하다 lay out, come up with
- 오염의 피해를 줄이다. lessen the damage from pollution.
- 몇 개의 대응방안 a few countermeasures

낮은 석유값 금리 그리고 원화가치에 힘입어 대기업들의 기업이윤이 내년도에 사상 최고 기록을 달성 할 것으로 보인다고 한 기업 보고에서 밝혔다.

핵심단어연구

- 낮은 석유값, 금리 그리고 원화가치에 힘 입어
  Aided by low oil prices, interest rates and won value
- 사상 최고 기록
  a record high
- 할 것으로 보인다
  expect to be
- 한 기업 보고 an industry report said

answer

 "현행 국적법은 한국인이 외국 국적을 취득한 경우 2년 내에 하나의 국적을 선택해야만 하고 20세가 안 된 이중국적자의 경우에는 만 22세가 되기 전 까지 하나의 국적을 선택해야 한다."

핵심단어연구

- 현행국적법 The present nationality law
- 한국인이 외국 국적을 취득한 경우 in case that a Korean acquires foreign nationality
- 20세가 안된 이중국적자 a person under age of 20 with dual nationality
- 만 22세가 되기 전 까지 하나의 국적을 선택해야 한다. must make a choice by age 22.

answer

103

A ministry official said that a systematic implementation of ozone countermeasure is yet to be realized as emission sources and the amount of pollutants, as well as topographical and climatic conditions differ by city and studies into emission sources and inspection of pollutants are in the beginning stage.

핵심단어연구

- A ministry official 한 정부 부처 관리
- systematic 체계적인
- systematic implementation 체계적인 실행
- ozone (화) 오존
- countermeasure 대책
- realize (계획 등을) 실현하다, 달성하다
- is yet to be realized (아직은 이루어 지지 않았다는 의미로) 아직은 실현 되지않다.
- emission (빛, 열 또는 가스 등의) 방출
- source 공급원
   emission source 가스 등이 발생되는 장소
- pollutant 오염, 오염원(물질) industrial pollutant 산업체 오염물질
- as well as ~은 물론이고
- topographical 산이나 계곡 등의 장소의 물리적 특징
- climatic condition 기후 조건
- differ by city 도시마다 다르다
- studies into emission sources 가스 방출 장소 (가스가 생기는 장소)에 대한 연구
- inspection of pollutant are in the beginning stage 오연 물질에 대한 조사가 초기 단계에 있다.

Hurtung, organic farmer, is now focusing on an even bigger concern: climate chanage. Under his "Green Carbon" initiative, he is developing ways of offsetting 100% of his farm's emission and increasing its carbon sequestration capacity. Outside Aarstiderne administrative office, there's a weird-looking contraption in a greenhouse. The machine burns organic materials in an oxygen-depleted environment to produce a charcoal like substance called biochar,which works as potent fertilizer and has the capacity to sequester carbon dioxide.

핵심단어연구

- Under his "Green Carbon" initiative 그의 "친환경 탄소 결정에 의해서
- offset 100% of his farm's emissions 그의 농장에서 나오는 탄산가스 방출 100%를 상쇄하다
- sequestration 제거 capacity 용적
- weird-looking contraption 이상하게 보이는 기구
- greenhouse 온실
- organic material 유기물질
- oxygen-depleted 산소열화 (산소의 함유량이 낮은)
- biochar 생화학 숯
- potent fertilizer 강력한 비료
- capacity to sequester carbon dioxide 이산화탄소 (탄산가스)를 제거할수 있는 용량

answer

❶   Starting from November this year, the customers who subscribed to their respective service without change of mobile phone service operator for more than two years would get rate lower than 5% up to 25%. The carriers plan to introduce a new billing system in which billing scheme changes from 10-second base to per- second.

❷   The communications carriers such as SK telecom, KT telecom and LG telecom have and announced 'communications charge reduction rate' with this as main agenda on 27th of this month.

❸   The Asis's fourth-largest economy has been on the sidelines for much of history. But it would soon emerge as a mainstream economy, and play an increasingly prominent role on the global stage.

❹   Korea is the world's 13th -largest economy and is to host the fifth summit for the Group of 20 industrialized nation in November next year. It is being given a major role in this new order, in which the leaders of 20 industrialized nations will discuss how to deal the post-economic crisis.

❺   Small businesses suffered (hit) by the worst oil spill in Korean's history are likely to receive compensation from the International Fund. On Dec. 17, 2007, about 12,ooo tons of crude oil spilled into the Yellow Sea near Taean County.

❻   The government has come out with a few of countermeasures to lessen the damage from car pollution.

❼   The Korea Electric Corp plans to spend 2.8 trillions on a smart grid technology, plug-in car, eco-friendly house and other related environment power generation technolgy.

⑧ Aided by low oil prices, interest rates and won value, the largest businesses' profit is expected to reach to a record high, said a company's statement.

⑨ According to the present nationality law, Korean under age of 20 with dual nationality is to make the choice of one nationality by age 22.

⑩ 한 관리는 오존발생에 관해서는 아직 체계적인 대응방안이 나오지 않았다고 말하였다. 그 이유는 오염원의 배출원인과 오염물질의 양 지형학적 기후적인 조건들이 도시마다 다르며 배출원인에 대한 연구와 오염원에 대한 조사가 아직 초기단계에 있기 때문이다.

⑪ 유기 농작물 농부인 허팅 씨는 좀 더 큰 관심사에 정신을 집중하고 있다. '친 자연 이산화탄소 제거 결정' 계획을 시행하고 있는 그는 그의 농장에서 나오는 탄산가스 방출을 100%를 상쇄시키고 농장에서 나오는 탄산가스 제거 용량을 늘이고 있다. 아아스스티던 그의 행정 사무실 밖에 있는 한 온실 안에 이상하게 생긴 기구 하나가 있다. 이 기계는 산소 함유량이 낮은 곳에서 유기물을 태워서 '바이오챠르' 라고 부르는 물질을 닮은 숯을 제조한다. 이것은 강력한 비료 역할 을 하며 이산화탄소를 제거 할 수 있는 능력을 가지고 있다.

영작문 & 영문독해

01 국내 물가에 미치는 영향을 보면 일본도 중국에 못지않다. 올 초 국내 대형마트에서는 바나나 값이 40% 이상 올랐다. 일본에서는 아침 식사 대신 바나나 2~3개와 물을 먹으면 체중 감량에 도움이 된다는 '바나나 다이어트'가 유행하면서 동남아에서 공급되던 바나나가 대거 일본으로 몰렸기 때문이다.

answer

_____
_____
_____
_____
_____
_____
_____
_____
_____
_____
_____
_____
_____
_____

핵심단어연구

- 국내 물가 domestic prices
- 국내 물가에 미치는 영향을 보면 일본도 중국에 못지 않다 - When it comes to our domestic prices, Japan has as same effect as China.
- 국내 대형마트 large a domestic mart.
- 바나나 값이 40% 이상 올랐다. Banana prices has risen more than 40%..
- 일본에서는 아침 식사 대신 바나나 2~3개와 물을 먹으면 체중 감량에 도움이 된다는 '바나나 다이어트' 유행하다. banana diet is now all the rage among Jaopanese people.
- 일본으로 몰려들다 swarm over to Japan

영작문

02 유럽 정치에서 우파의 강세가 확대되고 있다. 27일 치러진 독일 총선에서 중도 우파인 기민당 (CDU)-기사단(CSU) 연합이 제1당 자리를 지킨데 이어, 우파 자민당(FDP)이 약진을 하면서 함께 안정적인 보수연정을 구성할 수 있게 되었다.

핵심단어연구

- 유럽 정치에서 우파의 강세가 확대되어 가고 있다. right conservative remains strong in the European politics.
- 27일 치르진 독일 총선에서 in Germant's national election held on Sept.27, 2009,
- 연합이 제1당 자리를 지키다. The coalition keeps a right majority party
- 우파 자민당이 약진을 하다. The right Free Democrats made a stride. 보수연정을 하다 that gives a comfortable conservative coalition.

answer

영작문

중국은 앞으로도 계속 이북의 두 번째 핵 실험 직후 6월에 채택한 U.N. 안보리 결의안 1874 호에 의해 부과 되어진 제재에 대해 지지 입장을 보일 가능성이 있다. 그러나 U.N. 관리들은 중국의 참여는 나머지국들이 그 제재조치에 관해 얼마나 지속적으로 할 것인가에 달렸다 고 말했다.

핵심단어연구

- 중국은 앞으로도 계속 지지 입장을 보일 가능성이 있다.- China is likely to remain supportive of
- 6월에 채택한 U.N. 안보리 결의안 1874 호에 의해 - under the U.N. Security Council Resolution 1874.
- 나머지국들이 그 제재조치에 관해 얼마나 지속적으로 할 것인가에 달렸다. Beijing's participation would hinge on how well the rest of the nations preserve the momentum for the sanctions.

04 많은 사람들은 내년 한국의 세계 20 선진국 정상회담을 개최 할 수 있는 이 기회가 국가의 경제, 정치 그리고 사회의 제도를 한층 발전시킬 수 있고 한국의 국제사회 입지를 높일 수 있는 기회가 되기를 희망하고 있다.

핵심단어연구
- 정상회담을 개최 할수 있는 기회 an advance to host summit
- 발전시키다 advance
- 국제 사회의 입지를 높이다 heighten Korea's international prestige.
- 국가의 경제 the nation's economy
- 정치 사회 제도 political and social system
- 희망하다 hope 또는 expect 도 가능

answer

영작문

05 정부는 내년도 국방 예산 증가폭을 3.8% 로 잡고 있으며 이는 아직도 이 나라의 경제가 어렵기 때문에 지난 10 년 동안에 최저 인상분이라고 밝혔다.

_____
_____
_____
_____
_____
_____
_____

핵심단어연구

- 국가 예산 증가폭을 3.8% 로 잡다. seek 3.8% rise in defence spending for next year.
- 아직도 이 나라의 경제가 어렵기 때문에 amid economic difficulties weighing on this country
- 지난 10년 동안에 최저 인상분 the smllest hike in over a decade

06

사치업종 이 일반 소매업 보다 영업이 아작은 잘 되고 있다. 지난 5년 동안 강력한 성장을 누려온 사치업종 들은 이제 3가지의 악재를 만나 어려움을 격고 있다. 다이아몬드에서 운임에 이르기까지 빠르게 인상하는 가격, 즉, 주요 미국, 유럽, 일본 시장에서 소비자 소비 심리 축소, 특히 달러와 다른 통화에 대비 유로달러에 가파른 인상 등이다.

핵심단어연구

- 사치품 luxury
- 소매업 general retailing
- 장사가 잘 되다 fare better
- 일반적 소비업 general retail
- 3가지의 악제 a triple onslaught
- 어려움을 격고 있다. withstand difficulties
- 소비심리 축소 a consumer retrenchment
- 중요 미국 일본시장 core U.S. and Japanese market
- 다이아몬드에서 운임에 이르기까지 빠른 가격인상 fast-rising costs for everything from diamonds to freight

answer

07　법무부는 병역의무를 이행한 경우에는 여러 국적을 허용해 주는 쪽으로 법안을 준비 중이라고 밝혔다.

answer

핵심단어연구
- 법무부
  Justice Ministry
- 병역을 이행한 경우
  in case that he completes his military service
- 여러 국적을 허용하다
  embrace multi-nationality

 08　법무부와 대통령 직속 미래기획위원회는 이런 내용을 골자로 내달 11일 쯤 종합적인 안을 발표할 계획이다.

answer

핵심단어연구
- 법무부와 대통령 직속 미래위원회
  presidential Council for the National Future and Vision.

Surging global demand for commodities has helped lead to increased shipments of corn, soybeans, and coal in recent months. And depite that slowing economy, which has hurt sales of some of the consumer goods that railroads transport, growth should be fairly robust for the remainder of this year and 2009.

핵심단어연구

- surging global deman for commodities 상품의 국제수요의 폭등
- has helped lead to increased corn 콩의 수요 증가를 유도 했다
- consumer goods that railroad transport 철도 수송 소비자 상품
- growth should be fairly robust 성장이 활발할 것 이다

answer

① When it comes to our domestic prices, it seems that Japan has as same effect as China on it. Early in this year, banana prices in ourlarge marts rose 40% up. It is because as 'Banana Diet are all the rage among Japanese people that eating 2 or 3 pieces of the banana with water, instead of breakfast meals, would help weight loss, the banana supplied by Southeast Asia is being overwhelmed into Japan.

② The right wing remains strong in the European politics. The coalition of the center-right (CDU) Christian Democrats Union)and (CSU) Christian Social Union maintain their positions as majority party, and the right wing (FDP) Free Democrats Party also won a comfortable stride, which has given a stable conservative coalition.

③ China is likely to be supportive of the sanctions imposed under U.N. Security Council Resolution 1874 in June following the North Korean second nuclear test, but U.N. officials said China's participation would hinge on how well the rest of the nations would have momentum for the sanctions.

④ Many people hope that the opportunity to host the summit of group of 20 industrial nations would help develop the national economic, political and social system, and to heighten Korea's international prestige.

⑤ Government said that it is seeking 3.8% rise in national defence budget, the smallest hike over the decade with the economy weighing on this country.

⑧ Luxury is still better than general retailing, but after five years of strong growth, the business is hunkering down to withstand a triple onslaught; fast-rising costs for everything from diamonds to freight; a consumer retrenchment in the core U.S., European, and Japanese markets; and for the predominantly European producers, a sharp appreciation in the value of the euro against the dollar and other currencies.

⑦ The Justice ministry is considering making an exception for those who person who have completed their military service and allowing their multi-nationality.

⑧ The Justice Ministry and presidential Council for the National Future and Vision plan to announce the overall revision bill with those main points around 11th of next month.

⑨ 상품의 국제수요의 폭등은 최근 몇 개월 동안 옥수수, 콩 연탄의 수요증가를 주도 역할을 도왔다. 경기 부진이 철도가 수송한 소비재 상품의 판매를 부진하게 했고 있지만 금년 2009년 나머지 동안 성장이 꾀 활발할 것으로 기대된다.

열두번째 마당 — 영작문 & 영문독해

01 금융감독원은 금년 8월에 현지 증권거래소의 주식상장을 통해 총 2,568억 원이 증액되었으며 이는 지난달 294억 달러에서 8배가 늘어났다고 밝혔다.

answer

핵심단어연구
- 금융감독원 the Financial Supervisory Service
- 금융감독 위원회 the Financial Supervisory Commission
- 금융기관 financial institute
- 금융시장 financial market
- 긴축 tight money
- 금융사기 a loan fraud
- 금융업자 financier
- 제2금융권 non-bank financial intermediaries
- 현지 증권거래소 local bourse
- 주식상장 IPO (initial public offering)
- (가격 등) 을 증액하다 raise
- 8배가 늘어나다 8-fold increase

약 4,200명의 독일군이 현재 나토군의 일부로서 지금 아프가니스탄에 주둔하고 있으며 독일의 모든 주요 정당들도 극좌 'Linke'만 제하고는 이를 지지하고 있다.

핵심단어연구

- 약 4,200명의 독일군 some 4,200 German soldiers
- 나토군의 일부로서 as part of NTO-led force
- 주둔하다 station
- 독일의 모든 주요 정당들 all the main parties
- 극좌 '링크' 당을 제하고는 except the far left 'Linke'
- 지지하다 support

answer

 한국 대법원은 금년 초에 삼성과 '헤베이'사는 끼친 손실에 대해 각기 벌금 3천만 원씩 벌금을 내어야 한다고 확인했다.

핵심단어연구

- 한국 대법원 Korea's Supreme Court
- 금년 초 earlier in the year
- 끼친 손실에 대해 for damages caused
- 확인하다 affirm(상급 법원이 하급 법원의 판결을 지지하다 또는 지지하다.)

answer

영작문

04 G-20 정상회의는 글로벌 금융위기를 다루기 위해 작년에 특별회합으로 시작되었다. 피츠버그 회의에서 참석한 정상들은 G-20은 앞으로 글로벌 경제위기를 의논할 주요 포럼으로 G-8 회의를 대체할 것임을 밝혔다.

핵심단어연구

- G-20 정상회의 - G-20 summit
- 금융위기를 다루다 deal with global financial crisis
- 특별회합 ad-hoc gather; 특별위원회 ad-hoc committee
- 피츠버그 회의에 참석한 정상들 leaders who participated in the Pittsburg meeting 또는 during the Pittsburg meeting, the leaders declared~
- G-20은 G-8을 대체하다 - G-20 replaces G-8.
- 글로벌 경제위기를 위한 주요 포럼으로 As the premier forum for global economic crisis

피터 센즈 (Sands) 스탠다드차타드 (SC) 그룹 회장은 29일 조선일보와 가진 한 인터뷰에서 "한국 경제가 빠르게 회복될 것으로 예상한다." "앞으로 2년간 한국지점망 확대를 위해 1억 달러를 투자할 계획"이라고 밝혔다.

핵심단어연구

- 피터 센즈 스탠다드그룹 회장 -Peter Sands, Standard Group chairman
- 29일 조선일보와 가진 한 인터뷰에서- in his interview with Chosun Ilbo 29th of this month
- 한국 경제가 빠르게 회복될 것으로 예상하다 predict that Korean economy will recover rapidly.
- 앞으로 2년간 한국지점망 확대를 위해 1억 달러를 투자하다.- spend one-hundred million dollars on the expansion of branch network in Korea for a good period of 2 years to come.

answer

세계적인 금융그룹인 스탠다드차타드(SC) 그룹의 피터 샌즈 9Sands.47) 회장은 29일 서울 한남동 그랜드 하얏트 호텔에서 조선일보와 단독 인터뷰를 갖고 "전 세계 경제가 금세 예전의 모습으로 완벽하게 회복될 것으로 기대하는 것은 성급하다"며 이같이 밝혔다.

answer

핵심단어연구

- 조선일보와 단독 인터뷰를 갖다 have an exclusive interview with Chosun Ilbo
- 전 세계 경제가 금세 예전의 모습으로 회복되다. whole global economy is recovered back to a perfectly former situation
- 성급하다.(be hasty)
- 성급한 결정을 내리다 make a hasty decision/ 너무 성급하게 굴다- be too hasty.
- 우리는 너무 성급하게 굴어서는 안 된다. - We should not be too hasty.

영작문

07 2009.9. 29일 코스피 지수는 1개월 만에 1690.05 선을 회복하고 총 거래대금은 1조 6천 9백 9십억 원에 달했다.

핵심단어연구
- 코스피 지수 KOSPI index
- 1개월 만에 in a month, after a period of a month
- 1690.05 선으로 회복하다 return to the 1690.5 level.
- 총 거래대금 total amount of stock trading
- 달하다 reach to

answer
_____
_____
_____
_____
_____
_____

08 서울 교육청은 최근 몇 년 동안 출산율이 줄어들고 있기 때문에 점차적으로 학생수가 줄어들고 있는 2개의 초등학교를 통합할 움직임을 보이고 있다.

핵심단어연구
- 서울교육청 Educational authorities in Seoul
- 출산율이 줄어들고 있기 때문에 as the birthrate dwindle
- 학교를 통합하다. maerge two elementary school
- 최근 몇 년 동안 에 in recent years

answer
_____
_____
_____
_____
_____
_____

123

영작문

G-20 정상들은 자신들을 세계 경제를 이끌어갈 포럼이라고 규정하고 지금 까지 세계 경제를 이끌어 왔든 특별위원회 G-7의 오랜 역할을 끝을 내었다. "정상들은 G-20은 큰 중요성을 국제 정치에 포함시키는 상징적인 행동이다. 이것은 국제적 경제 협력, 다국적 결정기구 그리고 글로벌 공조를 위한 새로운 틀을 확립한다."라고 밝혔다.

answer

핵심단어연구

- 자신들을 세계 경제를 이끌어갈 포럼이라고 규정하다 - designate themselves as new forum for steering the world economy
- 특별위원회의 오랜 역할을 끝내다 - end the long reign of preeminent committee.
- G-20은 큰 중요성을 국제 정치에 포함시키다 - include immense importance to international politics.
- 상징적 행동 symbolic act.
- 다국적 결정기구 a multinational decision making
- 글로벌 공조 global coordination
- 틀을 확립하다 establish a new framework for

10 많은 유명 명사들의 엄청난 인기에도 불구하고 한국 팝 문화 수출은 이전만큼 활발하지 못하다. 일부 사람들은 이것은 단지 유행에 지나지 않으며 한때 홍콩의 암흑가의 영화 들이 누렸던 잠시 동안의 붐과 유사한 것이라고 생각한다.

핵심단어연구

- 인기에도 불구하고
  despite the enormous popularity
- 한국 팝 문화의 열기
  enthusiasam of Korean pop culture
- 단지 유행에 지나지 않다
  it is just a fad
- 잠시 동안의 붐
  a brief boom
- 한때 홍콩 영화가 누리다
  enjoyed by the Hong Kong film
- 암흑가의 영화
  noir film
- 이전만큼 활발하지 못하다 is not as fervent as it was before

answer

영문독해

The revelation that Iran has been illegally hiding another nuclear plant represented an intelligence coup for the United States andits allies, and it was delivered at an important moment-just days before the first meeting in a year between Iran and the international coalition that has been pressing for a suspension of its nuclear program. The uranium enrichment facility, hidden in tunnels under a mountain near the city of Qom looks like the sort of clandestine plant that U.S. intelligene agencies predicted Iran would use to produce a weapon.

핵심단어연구

- revelation 폭로
- Iran has been illegally hiding another nuclear plant.- 이란은 비밀적으로 또 하나의 핵 공장을 숨겨왔다.
- intelligence coup 좋은 정보감
- It was delivered at an important moment - 이것은 중요한 시점에 전달되었다.
- between Iran and the international coalition 이란과 국제 연합 사이에
- suspension 중단
- Uranium enrichment 우라늄 농축
- clandestine 비밀히 행하여지는
- predict 추측하다 예언하다, 예보하다

answer

① According to the Financial Supervisory Service, a total of 256.8 billion was raised through IPO on local bourses in August, an 8-fold increases from 29.4 billion in the previous month.

② Some 4,200 German soldiers are stationed in Afghanistan as part of a NATO-led force and all the main parties support the deployment except the far-left 'Linke' party.

③ Korea's Supreme Court affirmed earlier in the year that both Samsung and Hebei must pay 30 million won in fines each for damages caused.

④ The G20 summit began as an ad-hoc gathering last year to deal with the global financial crisis. During the Pittsburg meeting, the leaders who participated in the meeting declared that the G-20 will replace the Group of Eight as the premier forum for global economic crisis.

⑤ Peter Sands, Standard-chartered Group chairman, said in an interview with Chosun Ilbo, "Korean economy is expected to get a rapid recovery." and "we plan to spend one hundred million on the expansion of our branch network in Korea for a period of 2 years to come."

⑥ Peter Sands 47, chairman of global leading Financial Group, SC, made clear in his exclusive interview with Chosun Ilbo, at Grand Hyatt, Hannam-dong, Seoul that the global economy is hardly expected to recover back to former good time, which is hasty."

⑦ The KOSPI index returned to the 1690.05 on Sept.29, 2009 and the total amount of trading amounted to 16,997 billions

Won.

⑧ Educational authorities in Seoul are moving to merge two elementary schools that have seen a steady decrease in the number of students in recent years as the country's birthrate dwindles.

⑨ G-20 leaders designated themselves as the new forum for steering the world economy, putting an end to the long leadership of the G-7 as the preeminent committee for guiding global growth. Leaders said," G-20 is a symbolic act of inclusion politics." and "it establishes a new framwork for international decision making, and global coordination."

⑩ Although a number of big-nam celebrities are still enjoying public favor abroad, the overall enthusiasm for Korean pop cluture export is not as fervent as it was before. Some think that it was just a fad, similar to the brief boom enjoyed by the Hong Kong noir films.

⑪ 이란이 또 다른 한 개의 핵 공장을 불법적으로 숨겨왔다는 폭로는 미국과 미국의 연합국들에게는 그동안 정보의 큰 성과임을 의미했다. 그 정보는 그동안 이란과 이란의 핵 프로그램 중단을 강력히 요구해온 국제 연합 사이에 1년 만에 개최되는 첫 번째 회의가 있기 불과 며칠 전에 전달이 되었다. '쿠움' 시 가까이에 있는 한 산 밑을 관통하는 터널 안에 숨겨져 있는 우라늄 농축 시설은 미국 정보기관들이 이란이 무기를 생산하기 위해 사용할 것이라고 예측한 일종의 비밀 공장 같이 보인다.

열세번째 마당 — 영작문 & 영문독해

01 하루 신종 플루 확진 환자가 4,000명을 넘었다. 지난여름 몇십 명 정도 늘어날 때와 차원이 다르다. 우리 주위 주변 곳곳에 바이러스가 퍼져 있다. 보건사회부는 변형 바이러스로 또 3명이 어제 사망했다고 밝혔다.

answer

핵심단어연구

- 하루 신종 플루 확진환자가 4,000명을 넘었다.
  More than 4000 patients have got infested with new influ.
- 몇십명
  dozens of people
- 차원이 다르다 be on (belong to) a different level
- 우리 주위 곳곳에 바이러스가 퍼져있다.
  the virus is spreading everywhere around us.
- 변형 바이러스 the strain of the virus.

사망자 가운데는 26세 된 한 여성도 포함되어 있다. 이 여성은 '고위험군'이 아닌 26세 여성이 포함돼 신종플루가 갑자기 독해진 게 아니냐는 우려도 나온다. 그러나 신종플루의 독성은 매년 겪는 겨울철 독감과 비슷하거나 오히려 더 약성으로 분석된다.

answer

핵심단어연구

- 사망자 가운데는 26세 된 한 여성도 포함되어 있다. The deaths include one 26-year-old female.
- 신종플루가 갑자기 독해진 게 아니냐는 우려도 나온다. there is also fear that the new flu virus might get worse. The toxity level of the new flu is classified into the same one as seasonal influenza or rather weaker than it.

한국은행은 "지난달 (9월) 42억달러의 경상수지 흑자를 기록했으며 올해 1-9월 경상수지 흑자는 322억 2000만달러를 기록했다고 한 보고서에서 밝혔다. 금년도 남은 기간 동안 기름 값, 환율에 따라서는 경상수지 흑자가 400억달러에 이를 수 있다고 한국은행은 전망했다.

핵심단어연구

- 지난달 42억달러의 경상수지 흑자를 기록하다. the current account surplus reached $4.2.b in last month (september).
- 올해 1-9월 경상수지 흑자는 322억 2000만달러를 기록했다고 한 보고서에서 밝히다. say in a report that for the nine months from January to September of this year, the accumulative surplus at a record $32.22b.
- 기름값, 환율에 따라서는 depending on oil prices and the currency exchange
- 전망하다 forcast

answer

영작문

04 정부는 더 많은 군 기지 시설을 민간인 사용을 위해 개방하고 인근 지역에 개발제한을 완화시킬 계획이다. 국방부는 군 시설을 더욱 효율적으로 사용하기 위한 일련의 대책을 대통령위원회에 보고했다.

answer

핵심단어연구
- 군 기지시설 military base facilities
- 인근지역에 in nearby area
- 일련의 대책 a set of measures
- 대통령위원회 Presidential Council
- 완화하다 ease
- 규정 regulation

05 용산참사의 원인은 농성자들이 던진 화염병병이란 법원의 판결이 나왔다. 당시 화재를 일으켜 경찰관 1명 시위자 5명을 숨지게 한 혐의 등으로 기소된 9명중 7명에게 5-6년의 실형이 선고 되었다.

answer

핵심단어연구
- 용산참사 Yongsan tragic accident
- 화염병 a Molotov cocktail
- 농성자들이 던진 화염병 The Molotov cocktails thrown by

the protesters
- 기소된 9명중 7명에게 5-6년 실형이 선고되다 7 of 9 protesters indicted were sentenced to 5 up to 6 years of inprinsonment.
- 숨지게 한 형의 on a charge of killing

 외고를 폐지해야하는가에 대한 뜨거운 논란이 계속되고 있는 와중에 이 대통령은 그의 측근을 불러 솔선하여 이 문제를 처리하지 않는다고 질타했다고 한 소식통 이 밝혔다고 한다.

핵심단어연구
- 외고를 폐지하다 abolish elite language high school
- 뜨거운 논란이 계속되고 있는 와중에 amid a hot argument
- 질타하다 scold
- 솔선하여 이 문제를 처리하지 않다 fail to take a initiative to tackle the issue.

answer

07 외국어 고등학교는 이 논란에 대해 외고는 그동안 우수 학생들에게 다양한 언어를 교육시키는데 중요한 역할을 해 왔다고 반론을 펴고 있다.

핵심단어연구
- 이 논란에 대해 against the argument
- 중요한 역할을 하다 play a significant role (play a role of significance)
- 반론을 펴다 counter

Seoul recently said that it was reviewing a German model of secretly offering money or merchandise in exchange for the release of South Koreans held against their will in the North Korea. Considering that the ultimate goal is the safe return of South Koreans, the Unification Ministry's disclosure of its plan from the very early stage raised questions over how serious Seoul was about it.

핵심단어연구

- review 검토하다, 연구하다
- the release of South Koreans held 잡혀 있는 한국인들의 석방
- against their will 그들의 의사와는 반대로
- in exchange for ... 에 대한 대가로
- ultimate goal 최종적인 목표
- seious about ~에 대해 진지하게 생각하다
- Ultimate Ministry's disclosure 통일부의 발표(통일부의 폭로)

answer

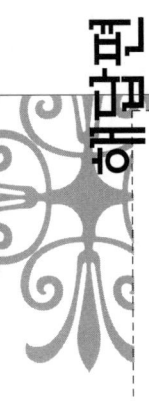

❶ The daily average of confirmed cases surpassed 4,000 The situation is more seriously different from the last summer when we saw just dozen cases of new flu epidemic increasing per day. The virus is spreading everywhere around us. The Health Ministry reported yesterday another three deaths from the latest strain of the virus.

❷ The deaths include one 26-year-old female. As she was not in a high-risk category, there is fear that the virus might get worse. Yet its toxity level is presumed to be the same one as the seasonal influenza or rather less toxic.

❸ The Bank of Korea said in a report that the nation's current account surplus reached $4.2b in last month (September)., and for the nine months of this year, from January up to September, the accumulative surplus stood at a record $32.22b. the Central Bank forecast that depending on the oil prices and the currency exchange rates for the rest of the year, this country may record a current account surplus of up to $40 billion this year.

❹ The government has made a plan to open more military base facilities to civilian use and eased regulation on development in nearbyarea. The Defense Ministry yesterday reported a set of measures for more effective uses of miliatry facilities to the Presidential Council.

❺ The court ruled that the direct cause of the Yongsan tragic accident was the Molotov cocktail thrown by the protesters. 7 of

the 9 protesters indicted for the fire which killed 1 policeman and 5 protesters were sentenced to 5 up to 6 years of inprinsonment.

⑥ Amid a hot argument over whether to abolish elite foreign language high school, the president Lee called his aides and scolded them for failing to take an initiative to tackle the issue, a source is cited to say.

⑦ Foreign language high schools are countering against the argument that they have been playing a role of significance in educating differentiated language.

⑧ 정부는 북한에 그들의 의사와는 반대로 잡혀있는 한국인들의 석방을 대가로 현금이나 물품을 제공하는 독일식의 모델을 검토하고 있다고 밝혔다. 최종적인 목표는 그들이 무사히 돌아오는 일이란 것을 생각할 때 통일부가 아직 이른 단계에 있는 계획을 발표한다는 것은 한국정부가 이 문제를 얼마나 신중하게 생각하는 가에 대한 의심을 들어 낸 것이다.

영작문 & 영문독해

01 헌법재판소는 신문 방송법의 국회 가결 과정이 잘못됐지만 이 법을 무효로 할 수 없다고 결정을 내렸다. 이에 따라 신문법과 방송법은 11월 1일부터 시행된다. 시행되는 신문법과 방송법은 대기업과 신문사업자의 방송 진출을 허용하면서 그 소유지분과 관련한 규정 등을 담고 있다.

answer

핵심단어연구

- 헌법재판소
  constitional court
- 국회 가결 과정
  the passage process in the National Assembly
- 무효로하다
  rule invalid
- 신문법과 방송법
  newspaper and broadcasting legislation (media laws)
- 11월 1일부터 시행되다
  take effect from November 1st
- 대기업과 신문사업자의 방송 진출을 허용하다.
  allow large corporation and

newspaper companies to own TV channels.
- 그 소유지분과 관련한 규정 등을 담고 있다. lay out the regulation relating to the the share of ownership.

 야당의원들은 한나라당 의원들이 육탄전을 하느라고 그들의 자리에서 밀려나 비어있는 자리에서 대리투표 하는 장면이 카메라에 잡혔다고 주장했다.

핵심단어연구
- 야당의원 opposition lawmakers
- 주장하다 claim
- 카메라에 포착되다 caught on camera
- 육탄전을 하는 in the scuffle
- 대리투표를 하는 voting as proxy
- 비어있는 자리에서 in the empty seats

answer

영작문

  대법원 판사들은 대기업과 신문발행인들에게 방송시장을 개방하는 일련의 법안을 7월 국회에서 통과시킨 것은 법적으로 하자가 있다고 발표했다. 여권진영은 4대강 살리기 사업과 세종시 원안 수정안을 포함한 주요정책에 더 큰 부담을 안고 있다.

answer

핵심단어연구

- 대법원판사 Judge
- 대기업
  large enterprise, conglomerate
- 신문발행인
  newspaper publisher
- 방송시장을 개방하다
  open the broadcasting market
- 일련의 법안
  a series of bills
- 7월 국해에서 통과 the National Assembly's passage in July
- 법적으로 하자가 있다
  legally imeffective
- 여권진영
  the ruling camp
- 4대강 살리기 프로젝트
  refurbishing project of 4 rivers
- 세종시 원안 수정안
  revision of original Sejong(administrative)City plan
- 주요정책
  Key policies
- 더큰 부담을 안고 있다.
  face a bigger burden

04

정부는 어제 북한이 10 만 톤 식량원조 를 요구했다는 뉴스보도를 부인하고 최근 실무급 회담에서 북한은 구체적인 품목이나 원조액수를 제안하지 않았다는 것이 공식적 입장이라고 밝혔다.

핵심단어연구

- 북한이 10 만 톤 식량원조를 요구하다 request 100,000 tons of food aid
- 뉴스보도를 부인하다. deny the news report
- 최근 실무급 회담 the recent working-level talks
- 구체적인 품목 specific items
- 원조액수를 제안하다 suggest the aid amount
- 공식적 입장 official position

answer

05 헌재는 사립학원 야간운영 금지 법령은 합헌판결을 내렸다. 작년 8월과 10월 서울과 부산에서 이 금지 법령은 그들의 교육적 권리를 침해한다고 주장하면서 헌법재판소에 헌법소원을 내었다.

핵심단어연구
- 사립학원 private cram school
- 야간운영 nighttime operation
- 금지하다 prohibit, restrict
- 합헌판결을 내리다 rule constitutional
- 교육적 권리를 침해하다 infringe on educational right
- 헌법소원 constitutional appeal
- 헌법소원을 내다 file a constitutional appeal
- 법령위반 ordinance violation

06 역사상 유래 없는 규모의 가전제품 리콜 사건과 관련하여 삼성전자는 한국과 유럽에서 40만대 이상의 냉장고를 수리작업을 할 예정이다. 이와 같은 움직임은 최근 있었던 것으로 알려진 계속적인 폭발사건이 있은 직후 취해졌다.

영작문

핵심단어연구

- 역사상 유래 없는 규모의 가전제품 리콜 사건과 관련하여 in the biggest-ever recall involving home appliance in Korea,
- 40만대 이상의 냉장고 more than 400,000 refrigerators
- 이와 같은 움직임 the move
- 최근 있었던 것으로 알려진 recently alledged

answer

 정부는 어제 내주 초에 산유국인 아랍 에미레이트에서 투자가들을 유치하기위한 투자 관련 회의를 개최할 예정이라고 밝혔다. 이 회의는 산유국 중동국가들과 경제적 협력을 강화시키고자 하는 정부의 노력의 일환이라고 밝혔다.

핵심단어연구

- 내주초
  earlier next week
- 산유국인 아랍 에미레이트 . Oil-rich United Arab Emirate
- 투자가들을 유치하기 위한 회의 meeting of attracting possible

answer

영작문

- 투자자 investors
- 투자 관련회의 investors relation meeting
- 경제적 협력 economic cooperation with
- 노력의 일환 part of its efforts.

08 세계 경제학자들은 "세계경제 공황은 이제 끝났는지도 모른다, 그리고 경제회복이 시작되었다 하더라도 이것은 이제 시작일 뿐이라고" 생각한다. 그리고 "이 성장은 그렇게 쉽지도 않을 것 같다."

answer

핵심단어연구
- 세계공황 global recession
- 끝났는지도 모른다 may be over
- 이것은 이제 시작일 뿐이다 It is just beginning.
- 이 성장은 그렇게 쉽지도 않을 것 같다. the recovery is unlikely much easy.

국내 경제 전문가들은 한국은행이 지난 3월 이래로 국내 경기침체의 대응책의 일환으로 계속 유지해온 기본금리 최저 2 퍼센트에서 점차적으로 금리를 인상할 것을 촉구했다.

핵심단어연구

- 국내 경제 전문가 (경제학자) local economist
- 한국은행이 최저금리 3 퍼센트를 지난 3월 이래로 유지하다. The Bank of Korea mnaintained the record low interest 2% since March
- 국내 경기침체 대응책의 일환으로 as part of its response of the local economic downturn.
- 점차적으로 인상 할 것을 촉구하다 call for a gradual raise
- 기본금리 base interest

answer

(Reuters)

The risk of a significant pullback in the U.S. stock market has mounted, if the emerging bearish technical patterns in major indexes and Wednesday's sharp sell-off are any indication.

This month's slippage of recent high-flying sectors like technology and financials, the reversal in the Dow Jones Transportation Average and the number of stocks now below 50-day moving averages, suggest the stock market is at a critical inflection point and the correction is imminent.

핵심단어연구

- pullback 제 자리로 끌어내리는 것 후퇴
- mount (산.계단 등을) 오르다(말 등의 위에) 오르다.
- risk mounts 위험이 커지다.
- significant pullback 상당한 후퇴(주식 가격 등이 크게 후퇴하다)
- bearish(주식 등이) 장기간 가격이 떨어지는
- bear market 장기간 동안 주식가격이 떨어지는 주식시장 (경제활동이 둔화 될 거라는 기대에서 주시가격이 하락하는 시장)
- technical (주식 등의) 주식 가격과 주식 거래량의 수
- in major indexes 주요 주식 지수에서(다우

answer

평균 지수 나 S&P 지수)
- bearish technical patterns 하락이 예상되는 주식 가격과 거래물량의 일정 형태
- sell-off (주식 등의 방매로 발생하는 가격의) 급락
- if ~although 이기도 하지만
- slippage (가격 등이) 점차적으로 하락함
- high-flying (주식 가격 등이 상당히 높은 가격을 유지하는)
- high-flying stock (우량주 등을 말함)
- The stocks now below 50-day moving averages 50일 동안 평균 가격 이하에 머무는 주식.
- inflextion point 기업이나 산업체에 있어서 주목할 만한 변화가 일으나는 시기. 상당한 주요한 사건이 일어나는 시기
- Last spring we hit an inflection point. 지난 봄에 우리들은 중요한 변회의 시기에 달했다.
- correction 가격변동 (예를 들어 주식 시장등) 주식 값이 최고도에 달했다가 갑자기 가격이 급락하는 것을 말함.
(예문)Share prices could rise until next week, but after that there should be a correction.(주식 가격은 내주 까지는 오르겠지만 그 후 에는 가격이 크게 떨어질 것이다.

①   The Constitutional Court ruled that the passage process of the bills on broadcasting and newspapers in the National Assembly was improperly carried out, but the bills cannot be seen as invalid. Thus the bills are to take effect from November 1st. The media-related bills allow large enterprises and newspaper companies to own television channel, prescribing its details and the regulations relating to their ownership shares.

②   Opposition lawmakers claimed that GNP members were caught on camera voting as proxy in the empty seats of lawmakers involved in the scuffling and thus kept away from their seats.

③   Constitutional Court Judges declared as legally effective the National Assembly's passage in July of a series of bills aimed at opening of the broadcast market to conglomerates and newspaper publishers. The ruling camp faces a bigger burden inits remaining key policies including the refurbishing of four major rivers and the revision of the original Sejong city plan.

④   Government yesterday denied a report that the North Korea had requested some 100,000 tons of food aid, saying that it was official position that the North did not suggest any specific items or amount of aid during the recent working-level between the South and the North.

⑤   The constitutional Court Judges ruled yesterday that ordinance prohibiting nighttime operation of private cram school is constitutional. In August and October people in Seoul and Busan filed constitutional appeals to the Consstitutional Court, asserting that the ordinance infringed on their educational rights.

⑥ In the biggest-ever recall of home appliances in Korea, Samsung Electronics is working to repair more than 400,000 refrigerators both in Korea and Europe. The recall campaign comes in the wake of a series of recently alledged explosion.

⑦ Government said yesterday that it will hold investor relation meeting to possibly attract investors in the oild-rich the United Arab Emirate earlier next week. It reiterated that it was a part of government's effort to intensify the economic cooperations with the oil-producing countries in the Middle East.

⑧ The global recession may be over, and although the economic recovery is now on its way, it is just beginning; the recovery is unlikey to be much easier. think the global economists.

⑨ Local economists called for a gradual raise in the base interest rate from 2 percent, the record low where the Bank of Korea has maintained it since March as part of its response to the economic downturn.

⑩ 주요주식 지수에서 나타난 주식거래량이 싼 주식에 집중하고 있는 시장 상황이 나타나고 또 화요일 대량주식 방매로 인한 주식 가격의 급락이 앞으로의 시장 상황의 징후이기도 하지만 미국 증시의 가격 후퇴 위험이 주목할 정도로 높아졌다. 이번 달에 들어서서 최근 높은 가격을 유지해 온 기술과 금융부분 의 주식가격이 서서히 가격이 떨어진 것과 다우죤스 수송 분야 평균지수와 50일 동안 평균지수 이하가격으로 머물든 주식수는 주식시장이 중요한 변화점에 와 있고 곧 주식가격 변화가 임박했음을 암시하고 있다.

영작문 & 영문독해

열다섯번째 마당

01 2009년 3분기 국내 GDP는 전년에 비해 2.9% 늘어났다. 이는 기대치를 훨씬 초과한 액수이다. 2008년 동기간 과 비교하여 GDP가 0.6% 늘어났고 1년 동안 그와 같이 상승한 것은 처음이다.

answer

핵심단어연구

- 2009년 3분기 in the third of 2009 fiscal year.
- GDP 가 전년에 비해 2.9% 늘어났다. GDP in the third of 2009 fiscal year.
- 이는 기대치를 훨씬 초과한 액수이다. a huge increase that exceeded expectations.
- 2008년 동기간 과 비교하다 compare to the same period in 2008.
- GDP가 0.6% 늘어나다 the GDP was up 0.6%.
- 1년 동안 그와 같이 상승한 것은 처음이다. mark the first such uptick in a year.

최근 몇 년 동안 이 나라 곳곳에서 우후죽순처럼 생겨난 영어마을들이 과연 성공적이었는지 또는 효율적인 교육 시스템이었는지 아직은 분명하지 않기 때문에 훨씬 더 큰 영어마을을 제주도에 설립하려는 계획이 과연 성공할 것가 예측을 할수 없다. 따라서 정부와 지방 교육청은 이 계획을 실행에 옮기기 전 철저한 사전 검토를 할 필요성이 있다.

핵심단어연구

- 이 나라 곳곳에서 우후죽순처럼 생겨나다
  spring up everywhere in this country
- 영어마을이 과연 성공적이었는지 또는 효율적인 시스템이었는지 아직은 분명하지 않다.
  It has yet to be certain whether the English-immersion village proved to be successful or efficient.
- 훨씬 더 큰 영어마을을 제주도에 설립하려는 계획이 과연 성공할 것인가 예측을 할수 없다.
  No one can predict whether the much bigger version of it on Jeju Island could be successful.

answer

영작문

- 정부나 지방 교육청당국이 계획을 실해에 옮기기 전 철저한 사전 검토를 할 필요가 있다 - The project needs to be thoroughly examined in advance before it is put into action.

03 기름 값이 1 배럴당 80불로 뛰었고 달러대비 환율은 1,170원으로 떨어졌다. 이런 환경에서 정부가 예산을 확대한다는 것은 잘못된 생각이다.

answer

핵심단어연구

- 기름 값이 1 배럴당 80불 oil price is $80.00 per barrel.
- 80불로 뛰다. climb to $80 per barrel.
- 달러대비 환율은 1,170원으로 떨어지다. The ewxchange rate with the U.S. dollar is down to around 1,170won.
- 이러한 환경 에서, under these circumstances, thus
- 정부가 예산을 더 이상 확대한다는 것은 잘못된 생각이다. It is a wrong idea that government is going to expand its budget any more.

미국 주요 기업체들의 예상보다 좋아진 소득도 뉴욕 증시에 활력을 주지는 못했다. 이는 주식 투자자들이 지금 곧 발표될 예정인 많은 거시경제 데이터를 기다리고 있음을 말해주고 있다. 중국의 3분기 GDP는 8.9 퍼센트가 증가했고 한국의 3분기 GDP는 2.9 퍼센트가 늘어났으며 이 GNP 증가가 좀 더 큰 경기 회복을 이끌고 있다.

핵심단어연구

- 미국 주요 기업체 major local companies in the U.S.
- 예상보다 좋아진 소득 better-than-expected earnings
- 뉴욕 증시에 활력을 주지 못했다. fail to vitalize New York Stock Exchange
- 주식 투자자들 stock investors
- 지금 곧 발표될 예정인 거시경제 데이터를 기다리다. wait on macroecomnocroeconomic data scheduled for release soon.

answer

영작문

05 녹색 성장이란 애매한 개념이다. 녹색이나 성장은 모두 의미가 분명하지 않기 때문이다. 우리들은 일반적으로 '녹색'을 자원을 보존하다 던지 또는 어떤 면 에서는 공기오염을 줄인다는 의미로 해석한다. '성장'은 GDP 와 같은 것을 늘이는 것을 말한다. 그러나 이 사회가 점점 더 부유해지므로 사람들은 똑 같은 것을 더 많이 사용하기를 원치 않고 그들의 생활의 질을 다양한 방법으로 향상시키길 원한다. 한편 기업체도 더 많은 양의 동일한 상품을 생산하지 않는다.

핵심단어연구

- 녹색성장
  green growth
- 의미가 분명하지 않다
  not well-defined.
- 공기 오염을 줄이다
  reduce air pollution
- 어떤 면 에서
  in some ways
- ~을 말하다
  refer to something
- 이 사회가 점점 더 부유해 지다 as   societies get more affluent
- 생활의 질을 다양한 방법으로 향상시키다
  improve the quality of life in a variety of ways.

한국 기업체들이 생산하는 녹색상품과 프로젝트는 기술과 가격 경쟁력 때문에 외국 투자들로부터 많은 관심을 얻고 있다. 하지만 국내 기업체들은 해외 판매망이 부족한 이유로 글로벌 시장 점유율을 확대하기엔 아직 많은 노력을 해야 할 것 같다.

핵심단어연구

- 한국 기업들이 생산하는 녹색상품 green product by Korean companies
- 기술과 가격 경쟁력 때문에 for technological and price competitiveness
- 해외 판매망이 부족하다 lack oversea sales networks
- 시장 점유율을 확대하다. expand oversea maket share
- 아직 많은 노력을 해야 할 것 같다. seem to hace a long way to go

answer

태양 에너지나 풍력뿐만 아니라 외국 투자자들 은 수질 개선 과 쓰레기폐기공장 건설에 대한 한국기술에 많은 관심을 가지고 있다.

answer

핵심단어연구

- 태양에너지 solar power
- 뿐만 아니라 ~도 not only- but also, not only ` or
- 수질개선 improveme of water quality
- 쓰레기폐기공장 waster disposal plant
- 관심을 기울이다 look into

These phenomena are fully global as these countries also require foreign buyers for their exports in order to pay for their imports. Some people anticipate resource wars, while others think about mining the moon or other extra-terrestrial bodies to increase resource supplies on Earth.

핵심단어연구

- phenomena 현상
- require foreign buyers for their exports 그들의 수출품을 사줄 외국 바이어가 필요하다.
- anticipate 기대하다, 희망하다.
- mine the moon 달에서 자원을 파내다
- extra-terrestrial bodies 대기권 밖의 행성

answer

❶   This country's gross domestic product in the third quarter grew 2.9 percent from the previous quarter, which is a considerable increase that exceeded expectations. When compared to the same period in 2008, the GDP was up 0.6 percent, marking the first such uptick in a year.

❷   English-immersion villages have recently sprung up everywhere in this country. With the English village having not proved to be successful or efficient, no one can predict whether the much bigger versions on Jeju Island could come off (successful). Thus the plan needs to be thoroughly examined before it is put into action.

❸   Oil prices have been up to $80.00 per barrel, and the exchange rate with the U.S. dollar is down to around 1,170 won. It is a wrong idea that Government is going to expand its budgets any more under these circumstances.

❹   Even better-than expected theird quarter earnings by U.S. major local companies have failed to vitalize the New York stock market, suggesting that the stock investors are now waiting on other macroeconomic data scheduled for release soon. China's third-quarter GDP jumped 8.9 percent, and Korea's third-quarter GDP rose 2.9%, which is lending the ecnomic recovery more momentum.

❺   Green growth is a vague concept. Neither "green" nor "growth" is well-defined. We generally interpret "green" to mean conserving resources or reducing pollution in some ways. Growth refers to something getting larger, like GDP. But as societies do not wish to consume more of the same things, but to improve their qualities of life in a variety of ways, while businesses do not produce ever larger quantities of the same products.

⑥ Green products and projects of Korean companies are gaining more of attention from foreign investors for their technological and price competitiveness. But the local industry seems to have a long way to go to expand oversea market share as they still lack overseas sales networks.

⑦ Not only solar or wind power, foreign investors are also looking into Korea's technology on the improvement of water quality and waste disposal plants.

⑧ 이와 같은 현상은 그들의 수입품을 결제 하기위해 그들의 수출품을 사 줄 외국 바이아가 필요하기 때문에 이것은 전 세계적이다. 일부 사람들은 자원전쟁이 있을 거라고 생각하고 또 다른 사람들은 달이나 대기권 밖 행성에서 자원을 채굴하여 지구에 자원을 확보 하는 방법을 생각한다.

고급
영작문 & 영문독해 따라하기

안태동 박사 지음

2010년 1월 4일 초판 1쇄 인쇄
2010년 1월 9일 초판 1쇄 발행

펴낸이 마복남 | **펴낸곳** 버들미디어 | **등록** 제 10-1422호
주소 서울시 마포구 합정동 359-27
전화 (02)338-6165 | 팩스(02)323-6166
E-mail : bba666@naver.com

ISBN 978-89-6418-005-1 13740

※책값은 표지 뒷면에 표시되어 있습니다.